# ¿POR QUÉ MOTIVAR A LA GENTE NO FUNCIONA, Y QUÉ SÍ?

Susan Fowler

# ¿POR QUÉ MOTIVAR
# A LA GENTE
# NO FUNCIONA,
# Y QUÉ SÍ?

Nuevos descubrimientos científicos
sobre liderazgo y la gestión de personas

 Empresa Activa

Argentina – Chile – Colombia – España
Estados Unidos – México – Perú – Uruguay – Venezuela

Título original: *Why Motivating People Doesn't Work… and What Does*
— *The New Science of Leading, Energizing, and Engaging*
Editor original: Berret-Koehler Publishers, Inc., San Francisco, California
Traducción: Alfonso Barguñó Viana

1.ª edición Julio 2016

Copyright © 2014 by Susan Fowler
All Rights Reserved
© 2016 de la traducción *by* Alfonso Barguñó Viana
© 2016 *by* Ediciones Urano, S.A.U.
   Aribau, 142, pral. – 08036 Barcelona
   www.empresaactiva.com
   www.edicionesurano.com

ISBN: 978-84-92921-52-2
E-ISBN: 978-84-16715-08-4
Depósito legal: B-9.967-2016

Fotocomposición: Ediciones Urano, S.A.U.
Impreso por Rodesa, S.A. – Polígono Industrial San Miguel
Parcelas E7-E8 – 31132 Villatuerta (Navarra)

Impreso en España – *Printed in Spain*

**Para Drea**

# • Índice

# • Prólogo de Ken Blanchard

**Soy un apasionado del** liderazgo innovador. Hace más de treinta años, presentamos el Liderazgo Situacional II (LS II), que revolucionó la forma de trabajar de los ejecutivos. En este libro, Susan Fowler nos presenta el Espectro de la Motivación, un modelo que cambiará por completo la idea que los ejecutivos tienen de la motivación y mejorará su liderazgo.

Me enorgullece la calidad de pensamiento que destila este libro. Susan se ha dedicado al estudio y aplicación de la motivación desde hace casi veinte años. Junto con David Facer y Drea Zigarmi, ha desarrollado el estudio innovador de la Motivación Óptima* y luego lo ha puesto a prueba con líderes pioneros y miles de personas que trabajan en empresas, el gobierno y en organizaciones no lucrativas del mundo entero. Y lo más sorprendente son las historias y los ejemplos reales que demuestran que esta estrategia revolucionaria funciona.

Tengo la impresión de que debes de estar tan interesado en estas ideas como yo, así que debo advertirte de algo que aprendimos hace algún tiempo. Durante los primeros años en los que enseñamos el LS II, cuando los líderes acababan las sesiones de formación estaban impacientes por aplicar los nuevos conocimientos. Nos sorprendía

---

* Optimal Motivation Training.

que pusieran en práctica los conceptos de manera inmediata sin hablar con sus empleados para explicarles cuál era su idea. Seguían el modelo del LS II sin dirigir ni hacer un seguimiento del empleado autosuficiente, es decir, dejándolo solo para que se desenvolviera por sí mismo. Al mismo tiempo, dirigían y supervisaban a aquellos empleados que eran entusiastas principiantes sin experiencia. Pero, cuando estos dos trabajadores se encontraban a la hora de comer y el más experimentado afirmaba que no había visto al director desde hacía semanas, el novato respondía: «No me extraña: está todo el día en mi despacho. No sé qué es lo que hago mal».

Con los años, hemos aprendido que debemos recordar a los líderes que *el liderazgo no es algo que se aplica sobre las personas, sino que se desarrolla con ellas*. Me fascina comprobar que las ideas que Susan presenta en este libro se complementan unas con otras. Uno de los modelos que propone, el Espectro de la Motivación, es lo más innovador que ha surgido de los nuevos descubrimientos; el otro es, actualmente, el modelo de dirección más utilizado del mundo. Los dos proporcionan unas acciones y un lenguaje específicos para que los líderes ayuden a sus empleados a crecer, aprender, producir y prosperar. Ambos requieren conversaciones y una comunicación directa con los individuos que diriges.

Cuando los ejecutivos me cuentan que no tienen tiempo de conversar profundamente con sus empleados, me sorprende y me entristece. Me pregunto qué debe de significar para ellos ser un líder. Nos volveremos a encontrar en el epílogo y espero que después de leer el libro hayas reconsiderado qué significa el liderazgo para ti y para aquellos a los que diriges.

# • Introducción:
# Deja de dar la paliza con zanahorias

**¿Estás motivado para leer** este libro? Tal vez creas que es una pregunta sin sentido puesto que, de hecho, lo estás leyendo. Yo también creo que no tiene sentido, pero probablemente por una razón distinta.

Preguntar si estás motivado genera más preguntas que respuestas. ¿Con qué criterios determinas si estás motivado? Si te pregunto si uno de tus compañeros está motivado para leer este libro, ¿cómo llegas a una respuesta? ¿Cómo evalúas la motivación de otra persona? En definitiva, ¿qué significa *motivación*?

Durante muchos años, mi definición predilecta de motivación era simplemente «la voluntad para actuar». Pero resulta que mi definición tiene el mismo defecto fatal que las otras 102 definiciones que puedes encontrar de motivación.[1] Pensar que la motivación es tener la energía o el ímpetu para actuar no pone de manifiesto la naturaleza esencial de la motivación humana. No nos ayuda a comprender las razones que hay detrás de la acción.

## Haz la pregunta correcta

Volvamos a la primera pregunta. ¿Estás motivado para leer este libro? Sencillamente, es una pregunta equivocada. Pero y si, en cambio, pregunto: ¿Por qué estás motivado para leer este libro? Quizá respondas que la razón es que te tomas el liderazgo seriamente y que tienes problemas para motivar a uno de los miembros de tu equipo. Esperas que este libro arroje luz para resolver un problema motivacional. O tal vez respondas que lo lees porque el jefe de tu departamento te lo ha pedido y temes qué pueda pasar si no lo haces. Son dos razones muy diferentes para estar motivado y producen una calidad de energía muy distinta. En lugar de preguntarte si estás motivado, es mejor hacer otras preguntas para poner de manifiesto cuáles son tus *razones* para actuar.

Cuando indagamos en la naturaleza de la motivación, surge una verdad importante. *Siempre estamos motivados*. La cuestión no es *si*, sino *por qué* estamos motivados.

La motivación —o la energía y el ímpetu— que hay detrás de cada acción puede ser *cualitativamente* diferente. Algunas de estas razones tienen como objetivo promover el bienestar de las personas pero otras, por desgracia, no lo hacen.

- La motivación que proviene de una *elección* para hacer algo es diferente de aquella que proviene de una *obligación*.

- La motivación que proporcionan los valores, los objetivos, el amor, la alegría o la compasión, es diferente de aquella que proporcionan el ego, el poder, el estatus o el deseo de una recompensa exterior.

- La motivación para competir generada por un deseo de mejorar (en la que las puntuaciones informan sobre el crecimiento, el aprendizaje y la ejecución), es diferente del hecho de competir para superar a otro, para impresionar u obtener favores.

Una de las principales razones de por qué la motivación no funciona es que suponemos ingenuamente que se trata de algo que una persona tiene o no tiene. Esto nos lleva a la conclusión errónea de que cuanta más motivación tenga alguien, más probable será que logre sus objetivos y el éxito. Respecto a la motivación, dar por descontado que tener más es mejor es una concepción demasiado simplista e incluso imprudente. Lo mismo ocurre con la amistad: lo importante no es cuántos amigos tienes, sino la calidad y los tipos de amigos.[2]

Imagina que eres un director de ventas. Te preguntas si tus representantes están motivados. Observas los informes de los dos mejores vendedores a mitad del trimestre y llegas a la conclusión de que sí, ambos están motivados. Lo que quizá no percibas es que la motivación que tienen es diferente. La razón por la que uno se esfuerza mucho es que quiere ser el primero en la clasificación de ventas, quiere que lo consideren el número uno y lograr la bonificación prometida. La razón por la que el otro está motivado es que valora los productos y servicios que ofrece, sus esfuerzos están vinculados a un propósito noble y disfruta resolviendo los problemas de sus clientes. La ciencia de la motivación proporciona pruebas abrumadoras de que los diferentes tipos de motivación tienen implicaciones más profundas. La calidad de su energía afecta los resultados a corto plazo y la resistencia a largo plazo.[3]

La motivación tradicional nos incita a preguntarnos: ¿Está motivada esta persona? ¿Cuánta motivación tiene? Pero estas preguntas solo obtienen respuestas de blanco o negro, sí o no, que no nos dan la información que necesitamos sobre la naturaleza de la motivación. Sin embargo, si preguntamos *por qué* una persona está motivada lograremos un espectro de posibilidades motivacionales. Valorar estas posibilidades y las implicaciones que hay detrás de ellas nos permite aprovechar la nueva ciencia de la motivación y orientar a nuestros empleados hacia una experiencia motivacional óptima y de mayor calidad.

## Hemos aprendido cómo aplicar esta ciencia

Mi curiosidad por la motivación se disparó en 1985 cuando, de la noche a la mañana, decidí convertirme en una vegetariana estricta. Una investigación sobre cómo tratamos a los animales me conmovió tanto que, sencillamente, fui incapaz de comer más animales. Quienes sabían lo mucho que disfrutaba comiendo carne, se quedaron asombrados con mi disciplina de hierro. Pero para mí fue un misterio. Mi nueva conducta no necesitó de disciplina alguna. Me sentía con fuerzas y, a la vez, totalmente adaptada a mi nuevo estilo de vida. Durante casi treinta años, no ha flaqueado mi determinación.

A partir de esta experiencia, desarrollé teorías personales sobre la motivación, pero no fue hasta que vi *The Oprah Winfrey Show* del 14 de octubre de 1996 cuando empecé a comprender las razones que había detrás de mi motivación. El invitado de Oprah era Alfie Kohn, autor de *Punished by Rewards–The Trouble with Gold Stars, Incentive Plans, A's, Praise, and other Bribes*.[4] Winfrey afirmó que el mensaje de Kohn era revolucionario y que cambiaría la manera en cómo los espectadores pensaban en la educación de sus hijos. La idea principal de Kohn era que los padres y los profesores debían dejar de recompensar a los niños por hacer aquello que ya hacían, como aprender, crecer y mejorar. Gratificarlos, afirmaba Kohn, eliminaba la motivación intrínseca de la conducta que se recompensaba.

Las ideas de Kohn tuvieron un eco en mí, pero yo no era ni madre ni profesora. Aquellos que sí lo eran, respondieron en contra. No solo desdeñaron las ideas, sino que estaban furiosos. ¿Acaso no comprendía el señor Kohn que cuando un niño no paraba de llorar un helado podía ser tu mejor amigo? Cuando un niño no lee, prometerle un premio le impulsa a coger un libro. Cuando una hija no hace sus tareas domésticas, una recompensa la pone en marcha. Una madre se aferraba a sus tácticas: había repartido miles de dólares entre sus hijos. Las recompensas y los incentivos eran la única manera de que la escucharan.

Kohn intentó explicar que las recompensas y los castigos *pueden* funcionar en un momento dado, pero que solo logran una cosa: una conformidad temporal. Trató de poner de manifiesto el efecto contraproducente que estas tácticas de zanahoria y palo tienen en la calidad del aprendizaje, la comprensión y el compromiso de los niños, sobre todo con el paso del tiempo. Les propuso a los padres y a los profesores que pensaran en qué ocurría cuando la recompensa o la presión desaparecen, o cuando se agotan los recursos. Puesto que la recompensa es la razón para actuar, cuando no la haya el niño perderá todo su interés. Kohn defendía que no se debía tratar a los niños como mascotas.

Kohn se focalizó en lo que los padres y profesores tenían que dejar de hacer. Se pudo oír, ver y sentir el miedo. ¿Qué espera de nosotros? ¿Qué deberíamos hacer? Kohn se explicó lo mejor que pudo pero, bajo las luces cegadoras de la televisión nacional y con un tiempo limitado, el alegato en favor de estas ideas innovadoras dio la sensación de ser una mera táctica defensiva.

Ahora, décadas después, tenemos a nuestra disposición datos e investigaciones reveladoras que demuestran sin lugar a dudas que las técnicas alternativas de motivación marcan la diferencia. Ahora comprendo por qué convertirme —y seguir siendo— vegetariana fue tan fácil para mí. Y he sido capaz de traducir este conocimiento y aplicarlo a otras tareas, objetivos y situaciones tanto en mi vida personal como profesional.

Después de años de experiencia, hemos aprendido a ubicar y promocionar las investigaciones novedosas de los doctores Edward Deci y Richard Ryan, y de otros pioneros, en las que se han basado Kohn y otros escritores populares como Daniel Pink. Gracias a estos investigadores entregados hemos logrado comprender la verdadera naturaleza de la motivación humana. Y está llena de esperanza y promesas.

Es el momento idóneo para cuestionar las formas anticuadas de liderar gracias a una combinación de ciencia motivacional contemporánea y su aplicación en el mundo real. Existe una manera diferente y mejor de comprender la motivación, lo cual suscita la pregunta: si se ha demostrado que existe una manera mejor de comprender la motivación, ¿por qué no hay más líderes aplicándola?

Tenemos tres respuestas potenciales. ¿Cuál de ellas te describe mejor?

- No sabes que existen las pruebas.
- No te crees las pruebas.
- No sabes qué hacer con las pruebas.

## Respuesta potencial 1: No sabes que existen las pruebas

Mientras los científicos trataban de comprender la motivación humana, ocurrió algo curioso. Los psicólogos decidieron estudiar a los animales. Por ejemplo, en YouTube hay un vídeo del profesor de psicología de Harvard, B. F. Skinner, en el que muestra cómo «motiva» a una paloma condicionada para que haga un giro de 360 grados dándole comida como recompensa. Es un vídeo fascinante: recompensa al pájaro por hacer lo que él quiere que haga, y la paloma llega a hacer casi cualquier cosa que le pide el profesor. Los conductistas pensaron que este método también podría motivar a las personas en las empresas: recompénsalas por hacer lo que quieres que hagan y lograrás que hagan cualquier cosa. Y, ¿sabes qué? Funcionó. O al menos lo pareció. Mis compañeros y yo lo llamamos el Paradigma de la Paloma que Picotea.

Utilizar comida metafórica como incentivo que «motive» a los empleados para que hagan unas tareas que no necesariamente quieren hacer se ha convertido en una práctica muy habitual. Alrededor de esta idea ha crecido una industria enorme que vende programas complejos para motivar a los trabajadores con sistemas de compensación, recompensas, concursos, símbolos, insignias, premios y programas de reconocimiento formal. Comida y más comida.

Pero los datos han demostrado que el Paradigma de la Paloma que Picotea es inútil. Miles de experimentos llevados a cabo en todo el mundo obtienen el mismo resultado: aunque los trabajadores acepten el dinero o la recompensa que ofrezcas, la única correlación entre estos incentivos y el rendimiento es negativa. En otras palabras, las recompensas externas solo generan un efecto perturbador y contraproducente en la energía, la vitalidad y la sensación de bienestar que las personas necesitan para lograr los objetivos, llegar a la excelencia y esforzarse constantemente.[5]

Las estrategias de motivación tradicionales parece que funcionan en algunos tipos de trabajos o sectores. Por ejemplo, si prometes más comida, es posible que los trabajadores de una línea de montaje produzcan más a corto plazo. No obstante, es erróneo confundir la productividad con la prosperidad y el crecimiento. Y sin prosperidad ni crecimiento, las ganancias a corto plazo suelen convertirse en pérdida de oportunidades a largo plazo. El

Paradigma de la Paloma que Picotea *nunca* ha funcionado como hemos creído en ningún trabajo ni en ningún sector. La razón es simple: *las personas no son palomas.*

Aunque este libro te mostrará investigaciones relevantes con las pruebas irrefutables de por qué los métodos anticuados no motivan a las personas, su principal objetivo es ayudarte a desarrollar las capacidades de liderazgo para que puedas sacar el máximo provecho de estos descubrimientos.

## Respuesta potencial 2: No te crees las pruebas

¿Puedes completar estas frases?

- No es nada personal, solo son _____.
- El objetivo de los negocios es _____.
- Los líderes están en una posición de _____.
- Lo único que importa de verdad son _____.
- Si no puedes medirlo, es _____.

Estas creencias están tan arraigadas en nuestra psique colectiva que seguramente no es necesario que compruebes las respuestas. (Pero, en caso de que te pique la curiosidad, echa un vistazo al capítulo 6, que está dedicado a analizarlas.) Solo porque estas frases enuncien creencias habituales no significa que sean legítimas. Te animo a plantearte que creer en ellas puede socavar tu capacidad para investigar alternativas de forma efectiva, cambiar tus métodos de motivación y adoptar nuevas formas de liderazgo. En el capítulo 6, «Replantearse cinco creencias que perjudican la motivación en la empresa», te propondré reconsiderar tus propias creencias sobre la motivación, de dónde vienen y si todavía son útiles para ti, para tus empleados y para los resultados que quieres.

Al analizar las pruebas y otras formas de comprender la motivación, espero que llegues a darte cuenta de que algunas creencias básicas tal vez estén minando tus intenciones al liderar a los demás. Por ejemplo, al dar demasiada importancia a los resultados quizá generes más estrés psicológico, tensión y presión, de modo que será más difícil obtener los resultados a corto o largo plazo que queréis tú y tus empleados.

## Respuesta potencial 3: No sabes qué hacer con las pruebas

Es posible que estés familiarizado con las pruebas científicas que demuestran que los métodos tradicionales de motivación empeoran la calidad del trabajo y la productividad.[6] Puede que te haya picado la curiosidad y que te haya llamado la atención. Pero, como ocurre a menudo cuando se intenta simplificar la ciencia, las ideas acaban reducidas a clichés cuya utilidad no es muy clara. Por ejemplo, las virtudes de la motivación intrínseca nos hacen reconsiderar nuestras ideas profundas. Pero también provocan miedo e inquietud cuando el líder que tenemos dentro se pregunta: ¿Cuáles son las alternativas a la técnica del palo y la zanahoria? ¿Cómo logro que las personas se motiven intrínsecamente? Aunque se formulen con las mejores intenciones, estas preguntas siguen reflejando una comprensión de la motivación como algo que uno hace *a* los demás.

Varios libros y conferenciantes famosos están llevando a cabo la importante tarea de concienciar sobre las cualidades positivas de la motivación intrínseca y de los efectos perjudiciales de la motivación extrínseca. Pero la dualidad simplista de bueno-malo, interno-externo, o lo uno o lo otro, no expresa la profundidad imprescindible para utilizar estas ideas de manera significativa.

*No comprender lo que significa la motivación conlleva no saber aplicar las técnicas que la promueven.*

Aceptar que muchas técnicas de motivación que se han aplicado durante los últimos años han sido contraproducentes —o, peor, destructivas—, nos permite tener la mente abierta para considerar otras formas de motivar. Es necesario que nos demos cuenta de que presionar para obtener resultados va en contra de los resultados que buscamos. Debemos comprender que promover la competencia o ganar concursos no es la mejor manera de alentar un rendimiento duradero. Tenemos que reconocer que —a pesar de lo necesario que es el dinero para nuestras vidas y de que siempre queremos más— focalizarse en recompensas económicas ha dejado de lado lo que realmente nos satisface de nuestros trabajos. Cada vez es más evidente que motivar a nuestros empleados no funciona para generar el tipo de resultados que deseamos. Y los líderes necesitan otras alternativas. Ha llegado la hora de dejar de atizar con palos y recompensar con zanahorias, y abrirnos a otras estrategias de liderazgo diferentes y más efectivas.

En lo que respecta a la motivación, hemos pasado por alto algo más rico y significativo que la comida, las zanahorias y los palos. Al ser víctimas del caduco Paradigma de la Paloma que Picotea, nos hemos convencido de que esta es la naturaleza de la motivación y hemos obviado las razones de carácter humano por las que trabajamos.

La nueva ciencia de la motivación está llena de promesas. Existen alternativas al Paradigma de la Paloma que Picotea y a la rutina pesada de buscar más y más comida para que los demás hagan lo que queremos. No debería sorprendernos que, al final, esta comida para palomas ya no les satisfaga.

## De la teoría a la práctica

Motivar no funciona, pero este libro te ofrece una estructura, un modelo y un modo de actuar consistente que sí funciona. También vas a descubrir un nuevo y muy necesario vocabulario para pensar y expresar lo que es la motivación. Una terminología anticuada —como *generar resultados* o *incentivar la conducta*— te llevará por el camino equivocado si lo que quieres es motivar y mejorar la productividad sin comprometer la energía positiva y duradera, la vitalidad y el bienestar de las personas que diriges.

- En el capítulo 1, «El dilema de la motivación», explico por qué la motivación no funciona y presento como alternativa el modelo del Espectro de la Motivación.

- En el capítulo 2, «Qué motiva a las personas: la verdadera historia», revelo la verdadera naturaleza de la motivación humana, los beneficios de aprovecharla y los costes ocultos de seguir ignorándola.

- En el capítulo 3, «El peligro de los impulsos», presento alternativas a la mejora de resultados que, irónicamente, conducen a mejores resultados.

- En el capítulo 4, «La motivación es una habilidad», propongo una valoración más profunda de lo que los individuos necesitan para mejorar la calidad de su propia experiencia motivacional y lo que necesitan para hacerlo.

- En el capítulo 5, «Lograr el cambio», enseño a los líderes a entablar una conversación motivacional con una persona que conlleva una mejora de la motivación.

- En el capítulo 6, «Replantearse cinco creencias que perjudican la motivación en la empresa», expongo cómo tus creencias y valores pueden estar erosionando tus técnicas de liderazgo y recomiendo mejores prácticas que respaldan y alientan la Motivación Óptima de las personas.

- En el capítulo 7, «La promesa de la Motivación Óptima», analizo el potencial de esta nueva técnica para motivar desde tres perspectivas: la organización, los líderes y las personas que desean prosperar en la empresa.

Este libro está dirigido a aquellos líderes con la fortaleza necesaria para cuestionar las creencias tradicionales y las prácticas comunes, a aquellos líderes que reconocen que las estrategias anticuadas para motivar a los demás acaban comprometiendo la energía, la creatividad, el bienestar y la salud —tanto mental como física— de las personas. Es un libro para aquellos líderes que quieren promover un lugar de trabajo donde sus empleados crezcan. Es un libro para ti si estás buscando una manera práctica, además de honrada, para lograr resultados y mantenerlos, a la vez que obtienes lo mejor de las personas para la empresa y para estas mismas personas.

# El dilema de la motivación

**Imagina que tienes en** mente a la persona perfecta para contratar como nuevo empleado. Tu oferta incluye el salario más alto que jamás ha tenido un cargo similar. Estás autorizado para ofrecer lo que sea necesario para que trabaje en tu empresa: una prima por firmar el contrato, una prestación por la mudanza, transporte, alojamiento, bonificaciones por rendimiento y un despacho de primer nivel.

En esta situación se encontraba Larry Lucchino en 2002. Su misión: tentar a Billy Beane, director general del humilde equipo de béisbol de los Atletics de Oakland, para que trabajara para los Boston Red Sox, una de las franquicias más prestigiosas y con más historia del béisbol. A Lucchino le atraían las ideas innovadoras de Billy acerca de la *sabermetría*, un nuevo análisis estadístico para contratar y desarrollar el potencial de los jugadores.

Los Red Sox le ofrecieron a Billy el que entonces era el mayor salario de la historia del béisbol para un director general. El equipo lo tentó con jets privados y otros incentivos espectaculares. Si has leído *Moneyball: The Art of Winning an Unfair Game*, de Michael Lewis, o has visto la película de éxito que protagonizó Brad Pitt, sabrás que Billy rechazó esta oferta histórica.

En la vida real, Billy ya casi tiene un pie en el Salón de la Fama del béisbol por las decisiones que ha tomado, el éxito relativo de unos Atletics de Oakland con bajo presupuesto y por cómo ha revolucionado este deporte a partir de la sabermetría. También es un ejemplo de a qué *debes* enfrentarte como líder. Los Boston Red Sox no lograron motivar a Billy Beane con un salario de vértigo y otras prebendas extravagantes para que fuera director general.

La madre de Billy, Maril Adrian, es una de mis mejores amigas. Me fascinaba escuchar su punto de vista mientras los medios relataban la vida de Billy durante toda la década. *Sports Illustrated* corroboró su afirmación de que el dinero no motivaba a Billy: «Después del instituto, Billy firmó con los New York Mets por una cuestión puramente económica, y después se arrepintió. Es algo que le ha influido para tomar esta decisión ahora».[1]

Comprender la decisión de Billy es darse cuenta de la verdadera naturaleza de la motivación humana y de por qué motivar no funciona. Billy ya estaba motivado, pero de una forma diferente a la que podríamos esperar. No era por el dinero, la fama o la notoriedad, sino por su amor y dedicación a su familia y al béisbol. Intentar motivar a Billy no tenía sentido porque ya estaba motivado. La cuestión no es *si* alguien está motivado, sino *por qué*.

El dilema de la motivación es que se responsabiliza a los líderes de algo que no está en sus manos: motivar a los demás.

Mientras compartía estas ideas con un grupo de directores en China, un hombre gritó: «¡Increíble, esto es increíble!» Todos dimos un salto. Era una actitud realmente extraña en un público normalmente tranquilo y reservado. Le pregunté: «¿Por qué es increíble?» Contestó: «Durante toda mi carrera, me han dicho que mi trabajo como director es motivar a los demás. Me han hecho responsable de la motivación de mis empleados. Y ahora usted me dice que yo no pinto nada en esto». «Exacto —respondí—. ¿Cómo se siente ahora?» «Impactado», y luego añadió: «Y aliviado».

Esto nos llevó a una profunda conversación y finalmente, con todos los líderes y directores de recursos humanos, tuvimos una epifanía. Comprendieron que su dependencia de las zanahorias y los palos para motivar a sus empleados se había convertido en una práctica común porque no comprendían la verdadera naturaleza de la motivación humana. Ahora sí que la comprendemos. Dejar las zanahorias y los palos era una situación inquietante porque no teníamos alternativas. Pero ahora sí que las tenemos.

## El proceso de valoración: cómo tiene lugar la motivación

Para comprender cómo funciona la motivación debemos empezar con un fenómeno que han vivido todos los empleados (y líderes): el proceso de valoración.

### ¿Por qué decimos que las personas ya están motivadas?

¡Aceptar que la gente no está motivada es un error! Por ejemplo, si estás dirigiendo una reunión de equipo, es un error suponer que alguien no está motivado porque mira mensajes de texto en el móvil o tuitea en lugar de prestar atención. Quizá la reunión no le motiva por las mismas razones que a ti. Ha valorado la situación, ha llegado a sus propias conclusiones y ha seguido su propia dirección motivacional.

Para entender este proceso de valoración, recuerda alguna reunión reciente a la que hayas asistido. Reflexiona sobre los pensamientos y emociones que experimentaste al ver la reunión programada en el calendario, te saltaste una visita y te apresuraste para llegar a tiempo a la reunión. ¿Tus sensaciones, opiniones o actitudes cambiaron desde que marcaste la reunión en el calendario hasta el momento en que saliste de la reunión bajo el peso de los «próximos pasos» en tu lista de tareas?

Este proceso de reflexión es el mismo por el que pasan tus empleados, ya sea consciente o inconscientemente. Valoran su experiencia laboral y llegan a conclusiones que tienen como resultado intenciones para actuar, positiva o negativamente.

El proceso de valoración de la figura 1.1. sintetiza lo que debes de haber sentido en el ejemplo que he puesto de asistir a una reunión.[2] Sin quererlo o no, tuviste pensamientos y sensaciones sobre la reunión, es decir, tuviste reacciones tanto cognitivas como emotivas. ¿La reunión es un evento en el que te sientes confiado o amenazado? ¿Te sientes respaldado o cuestionado? ¿Es una pérdida de tiempo o merece la pena? ¿Tienes ganas o te da miedo? ¿Asistes porque quieres o porque piensas que debes hacerlo? En última instancia, cómo te haga *sentir* la reunión tendrá una influencia definitiva en tu bienestar. El bienestar determina las intenciones, y el resultado de estas es tu conducta.

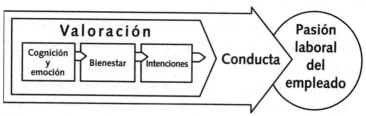

Figura 1.1. El proceso de valoración

Cada día, la valoración de la empresa que hacen los empleados les deja con una sensación positiva de bienestar o sin ella. El bienestar determina sus intenciones, y estas son los predictores más fiables de la conducta.[3] Una valoración positiva con una sensación de bienestar conlleva las intenciones y conductas positivas que fomentan la implicación de los empleados.

## La piedra angular de la implicación de los empleados

El proceso de valoración es la piedra angular de la implicación o la indiferencia de los empleados.[4] Me sorprendería mucho saber que tu empresa no evalúa la implicación de los empleados o que no tiene algún tipo de iniciativa para mejorarla. Miles de investigaciones respaldan el valor de unos trabajadores implicados. No obstante, no ha sido hasta hace poco que los investigadores han analizado cómo se implican los empleados.[5] ¿Cómo mejoras los índices de implicación si no comprendes los procesos internos por los que pasan los empleados para, precisamente, implicarse?

Quizás esto te dé ánimos: las últimas investigaciones han descubierto un nivel de implicación más allá del «no implicado», «activamente no implicado» e «implicado». Lo han llamado *pasión laboral del empleado*. Un individuo con pasión laboral tiene estas cinco intenciones positivas:[6]

- Rinde por encima de lo esperado.
- Se esfuerza ilimitadamente por el bien de la empresa.
- Promociona la empresa y su dirección fuera de su lugar de trabajo.
- Se comporta de forma cívica y altruista con los accionistas
- Es leal a la empresa.

En estos estudios, los investigadores han identificado doce factores organizativos y laborales que influyen en el proceso de valoración positivo de una persona.[7] Cuando estos factores tienen lugar, es más probable que los empleados alberguen la sensación positiva de bienestar que genera una conducta y unas intenciones positivas. Con el tiempo, adquieren la pasión laboral.

Podrías crear una empresa que respalde la pasión laboral de los empleados. Podrías modificar los diseños de las tareas, equilibrar las cargas de trabajo, cambiar las cuestiones de distribución y aplicación de la justicia, y otros sistemas y procesos que se ha demostrado que mejoran las intenciones positivas de las personas. Todas estas son muy buenas noticias, pero instaurar nuevos sistemas y procesos conlleva tiempo, y tú necesitas resultados *ahora*. ¿Y si pudieras ayudar a los demás a gestionar su proceso de valoración hoy mismo? Pues *sí que puedes*.

Esto nos lleva a un argumento irrebatible: *No puedes motivar a las personas, pero sí que puedes facilitarles el proceso de valoración para que sea más probable que experimenten una Motivación Óptima cada día.*

La *Motivación Óptima* significa que tienes la energía positiva, la vitalidad, la sensación de bienestar que requiere el esfuerzo y el logro duradero de las metas importantes mientras, a la vez, prosperas y creces.[8]

Y de aquí sacamos otro argumento irrebatible: *La motivación es una habilidad. Podemos aprender a escoger y crear experiencias de Motivación Óptima en cualquier momento y en cualquier lugar.*

Pero, antes de que puedas enseñar a los demás cómo dirigir el proceso de valoración o mostrarles la habilidad de la motivación, es preciso que tú mismo la domines, lo cual nos lleva de vuelta a lo que sientes respecto a la reunión de la que hemos hablado antes.

## El Espectro de la Motivación

Preguntar si tú o tus empleados estabais motivados para asistir a una reunión era una pregunta equivocada. Tu respuesta estaba limitada a un sí o un no, a mucho o poco, en lugar de poder revelar algo de la calidad de esa motivación. Pero, preguntar por qué alguien está motivado para asistir a una reunión genera un espectro de posibilidades que representamos con seis actitudes motivacionales en el modelo del Espectro de la Motivación de la figura 1.2.[9]

El modelo del Espectro de la Motivación nos ayuda a comprender la experiencia de una reunión. Piensa cuál de las seis actitudes dibujadas como burbujas describe mejor lo que sientes antes, durante y después de la reunión. Estas actitudes no son sucesivas. Puedes tener una de ellas en cualquier momento y adoptar otra después. En el ejemplo de la reunión, puedes haber experimentado una o todas estas actitudes en un momento u otro:

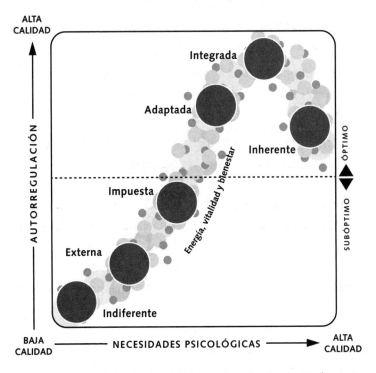

Figura 1.2. Modelo del Espectro de la Motivación. Seis actitudes motivacionales

- *Actitud motivacional indiferente.* Sencillamente, no encuentras valor alguno en la reunión. Es una pérdida de tiempo que se añade a la sensación de estar muy cargado de trabajo.

- *Actitud motivacional externa.* La reunión es una oportunidad para defender tu posición o tu poder. Te permite aprovecharte de una promesa de más dinero, de mejorar tu estatus o tu imagen a ojos de los demás.

- *Actitud motivacional impuesta.* Te sientes presionado porque todos los demás asisten a la reunión y esperan lo mismo de ti. Evitas sentimientos de culpa, vergüenza o miedo por no participar en ella.

- *Actitud motivacional adaptada.* Puedes relacionar la reunión con un valor significativo, como aprender (lo que tú puedas aprender u otros puedan aprender de ti).

- *Actitud motivacional integrada.* Logras relacionar la reunión con un objetivo vital o laboral, como dar voz a una cuestión importante.

- *Actitud motivacional inherente.* Sencillamente, disfrutas de las reuniones y crees que vas a pasártelo bien.

Te habrás dado cuenta de que en el Espectro de la Motivación hay tres actitudes que están etiquetadas como *subóptimas*: la indiferente, la externa y la impuesta. Estas actitudes se consideran comida basura motivacional y denotan una motivación de calidad baja. Las otras tres actitudes se clasifican como óptimas: la aceptada, la integrada y la inherente. Se consideran comida sana motivacional y denotan una motivación de calidad alta. Para sacarle el máximo rendimiento al Espectro de la Motivación es importante valorar los efectos de las actitudes motivacionales óptimas y subóptimas en el bienestar, la productividad a corto plazo y el rendimiento a largo plazo de los empleados.

## El problema de dar comida basura motivacional

Vas en coche a comprar la cena de tu familia a una hamburguesería de tu ciudad —hamburguesas, patatas fritas y batidos— con la intención de cenar todos juntos en casa. Pero el aroma de las patatas es embriagador. No puedes evitarlo y comes una. Cuando llegas a casa, la bolsa de patatas fritas está vacía.

Piensa en el efecto que tiene la comida basura en tu energía mental y física. ¿Cómo nos sentimos después de haber devorado todas las patatas fritas? ¿Culpables o arrepentidos? Incluso si nos sentimos aliviados y satisfechos, ¿qué le ocurre a nuestra energía física? Crece tan espectacularmente como se desmorona. ¿Hemos alimentado nuestro cuerpo? Una dieta a base de comida basura no es saludable. Incluso si podemos justificar un atracón ocasional, somos lo bastante inteligentes para saber que existen alternativas.

Los padres, los profesores y los directores prometen más dinero, otorgan premios a quien gana un concurso, ofrecen recompensas, amenazan con castigos, presionan, y utilizan la culpa, la vergüenza o el chantaje emocional para favorecer conductas específicas en los niños, los estudiantes y los empleados. Cuando las personas ceden ante estas tácticas, acaban con una actitud motivacional subóptima: indiferente, externa o impuesta. Pero es tan difícil resistirse a estas recompensas y castigos (zanahorias y palos) como resistirse a las patatas fritas, y genera los mismos riesgos.

Pongamos un ejemplo. Recibes una oferta de tu seguro médico para que pierdas peso y ganes un iPad mini. Piensas: ¿Qué tengo que perder excepto un poco de peso? Lo único que puedo ganar es más salud y un iPad mini. Piénsalo otra vez.

Un estudio reciente examinó a las personas que participaban en concursos para ganar un premio por perder peso. Descubrieron que, de hecho, muchas perdían peso y ganaban el premio. Pero los investigadores hicieron algo más. Continuaron con un seguimiento de las conductas y los resultados de los ganadores. Y lo que hallaron respalda muchos de los hallazgos sobre la motivación en relación con los incentivos. Doce semanas después de haber ganado los concursos, volvían a sus viejas conductas, ganaban el peso que habían perdido... ¡e incluso engordaban más! Los incentivos económicos no generan cambios duraderos en la conducta alimentaria: de hecho, con el tiempo, hacen que empeore.[10]

Puede que las recompensas ayuden a iniciar una conducta nueva y saludable, pero son nefastas para lograr un crecimiento sostenido y unos resultados duraderos. Lo más inquietante, sin embargo, es que las personas están tan desalentadas, desilusionadas y debilitadas por el fracaso que es menos probable que vuelvan a intentar perder peso.

Entonces, ¿por qué más del 70 por ciento de los programas de bienestar de Estados Unidos utilizan incentivos económicos para promover cambios conductuales saludables?[11]

- Si una persona participa, sin que la obliguen, en un programa para perder peso que ofrece un incentivo económico modesto, es probable que al principio pierda peso. No obstante, los estudios que analizan estos éxitos en la pérdida de peso solo se ocupan del periodo en el que tiene lugar el concurso. No registran si este cambio de tendencia es sostenido. «El resto de la historia» es algo que la mayoría de las personas aún no ha oído.

- Los incentivos económicos son fáciles (aunque caros). Las empresas no han dedicado tiempo a analizar otras opciones más innovadoras, saludables y duraderas.

- Los empleados se han acostumbrado a recibir incentivos, de modo que las empresas tienen miedo de suprimirlos.

¿Por qué los líderes siguen ofreciendo comida basura motivacional para incentivar que sus empleados logren objetivos o cambien una conducta?

- Muchos de ellos, sencillamente, no cuestionan las prácticas aceptadas.

- Los líderes no son conscientes de que existe una herramienta para aplicar la ciencia de la motivación y facilitar que sus empleados adopten una actitud motivacional más duradera y óptima.

- La gente no comprende la naturaleza de su propia motivación, así que cuando no están contentos con su trabajo, piden más dinero. Necesitan algo diferente —pero no saben el qué—, así que piden el incentivo más obvio: dinero. Los directores optan por la salida fácil y dan por supuesto que, dado que no pueden satisfacer las peticiones de más dinero, tienen las manos atadas.[12]

## Inténtalo con comida motivacional saludable

Kacey siempre es la mejor vendedora de su empresa. Cuando la dirección anunció un concurso para premiar al mejor vendedor con un viaje de una semana a un balneario, se sintió ofendida.

«¿Creen que hago lo que hago para ganar un viaje de una semana a un balneario? Quizá suene cursi, pero me esfuerzo tanto porque me encanta lo que hago. Resolver los problemas de mis clientes y comprobar que marco la diferencia me hace sentir bien. Si la empresa quiere que afiancemos nuestra relación y demostrar que me valora, es otra cosa. Pero, obviamente, no es el caso. Si me conocieran sabrían que, como madre soltera, un viaje de una semana a un balneario no es una recompensa, sino una imposición».

Las personas con una motivación de calidad alta, como Kacey, puede que acepten recompensas externas pero, sin duda, *no son la razón* por la cual se esfuerzan. Las razones por las que las Kaceys del mundo hacen lo que hacen son más profundas y proporcionan una satisfacción mayor que cualquier recompensa externa.

A Kacey le habría sentado mejor que su empresa comprendiera sus verdaderas necesidades en lugar de creer que a los vendedores solo les motivan el dinero y las recompensas. Pero, en lugar de esto, se encontraba en una situación incómoda. No quería sucumbir a la motivación de baja calidad que representaba un viaje de regalo, pero tenía miedo de ofender al director y sus compañeros si rechazaba el viaje o se quejaba por que hubieran elegido esa recompensa.

Al ser una autolíder ejemplar, Kacey pidió reunirse con el director para debatir la situación. Le explicó que el programa de incentivos tenía el efecto opuesto a la que probablemente era una intención encomiable. Le aseguró que seguiría vendiendo y sirviendo a sus clientes con la alta calidad habitual, sin necesidad de ganar ningún premio. Tanto Kacey como el director describieron la conversación como «liberadora». Creían que había mejorado su relación porque el director ahora comprendía la dedicación inherente que Kacey tenía hacia su trabajo.

Al finalizar el siguiente ciclo de ventas Kacey había superado sus metas gracias a sus razones personales, de una calidad mayor. En lugar de imponerle una compensación, el director le consultó de qué forma podía mostrarle su gratitud por sus logros de un modo justo. Kacey escogió una actividad que pudiera disfrutar con su hijo. En lugar de interpretar el viaje como una zanahoria para esforzarse más, Kacey lo interiorizó como la expresión de gratitud de su empresa y lo vivió como algo muy diferente a los otros viajes que había ganado: «Esa semana adquirió una significación especial, fue un agradecimiento auténtico de mi director y lo conservo como un recuerdo maravilloso junto a mi hijo».

Una relación más profunda con su director y sentirse valorada fue mucho más gratificante que ganar un concurso. Existen implicaciones significativas para la empresa cuando sus empleados tienen una motivación de alta calidad. Logran llegar más allá de los objetivos; muestran tener una creatividad, colaboración y productividad mayor; es más probable que repitan sus mejores resultados; y disfrutan de una mejor salud mental y física.[13]

## Tú eliges: comida basura o comida saludable

Las tres actitudes motivacionales subóptimas —indiferente, externa e impuesta— son la comida basura de la motivación. Sus recompensas tangibles o intangibles pueden funcionar en un primer momento, pero no conllevan crecimiento. Al contrario. Es menos probable que las personas con una actitud motivacional subóptima tengan la energía necesaria para lograr sus objetivos. Pero, aunque los lograran, no sentirán la energía positiva, la vitalidad o la sensación de bienestar que se precisa para mantener su rendimiento a lo largo del tiempo.[14]

En cambio, las tres actitudes motivacionales óptimas —aceptada, integrada e inherente— son la comida saludable de la motivación. Requieren más reflexión y preparación, pero generan una energía, una vitalidad y una sensación de bienestar de alta calidad que produce resultados duraderos.

## Caso de estudio motivacional: la historia de Himesh

Cuando Himesh regresó a su empresa en la India después de una formación en Motivación Óptima, se encontró con una empleada que tenía el tipo de motivación de baja calidad. Era una ejecutiva del área de servicios técnicos y estaba en el laboratorio hablando con un contratista externo. Himesh se dio cuenta de que ella llevaba las gafas de seguridad, pero no había seguido las directrices de la planta para garantizar que el contratista también estuviera protegido.

Himesh es un director estricto con una política de tolerancia cero cuando se incumple la normativa de seguridad. Su reacción normal a un incumplimiento flagrante de las normas era reunirse con el empleado en su despacho y, en sus propias palabras, «cantarle las cuarenta». Precisamente por eso Himesh había asistido al curso de formación. Los índices de implicación de su planta estaban entre los más bajos de una multinacional con más de cincuenta mil empleados.

«Soy conocido por perder los estribos cuando alguien se salta las normas de seguridad —admite Himesh—. No obstante, decidí mantener la calma y poner a prueba lo que había aprendido en el curso de formación.» Le pidió a la empleada que acudiera a su despacho. Enseguida advirtió que estaba preocupada por su reacción. En lugar de hacerle ver lo desconcertado y decepcionado que estaba, Himesh le explicó que acababa de hacer un curso sobre motivación. Le explicó algunos de los conceptos clave. Luego le preguntó si la norma de llevar gafas de seguridad, incluso cuando no se estaba realizando ningún experimento, era una norma inútil puesto que no había peligro para los ojos. ¿Pensaba que tener que llevar gafas todo el tiempo era una imposición?

Dado que Himesh le daba la oportunidad de dialogar en lugar de echarle la bronca, la empleada tuvo una actitud abierta e informal. Le contó que tenía un hijo de dos años y que estaba extremadamente preocupada por la seguridad del laboratorio porque quería volver sana y salva a casa cada noche. Para sorpresa de Himesh, también le confesó que preferiría medidas de seguridad aún más estrictas, y no menos, en ciertas áreas. Por ejemplo, le sugirió que el calzado de seguridad fuera obligatorio en aquellos experimentos en que debían subir las temperaturas considerablemente. Sin embargo, cuando no se hacían experimentos, no comprendía por qué debía llevar gafas de seguridad. De hecho, se refirió a la norma impuesta con cierta amargura. No sentía que debiera seguirla, sobre todo con un contratista externo. Himesh escuchó con atención y comprendió su punto de vista. Luego, le desgranó la lógica que fundamentaba esa regulación, le explicó que su esperanza e intención era que llevar las gafas de seguridad se convirtiera en una costumbre que protegería la vida de sus empleados, igual que el cinturón de seguridad en los coches.

Himesh dijo: «Vi cómo se le iluminaban los ojos».

Es importante resaltar que Himesh no trató de motivar a la empleada. Era evidente que ya estaba motivada: estaba motivada para no seguir las normas. Reprimió su reacción natural y se tomó el tiempo necesario para saber por qué su motivación era la contraria a la que él pretendía. Al comprender la naturaleza de su motivación, tuvo más claros los pasos que debía seguir: «Estoy convencido de que, si hubiera seguido mis instintos habituales y le hubiera dado mi opinión, me habría mirado avergonzada, se habría disculpado profusamente y me habría prometido que nunca más volvería a ocurrir. Y, seguramente, habría ocurrido de nuevo. Habría salido de mi despacho con resentimiento y la sensación de que se le imponía algo, y yo habría pasado un mal día debido a toda esa energía negativa».

La estrategia de Himesh logró cambiar la motivación de mala calidad de la empleada (actitud impuesta) por una de alta calidad (actitud aceptada). A lo largo de este libro, analizaremos algunos de los aspectos sutiles pero efectivos de la estrategia motivacional de Himesh. Como él mismo afirmó: «No hace falta decir que, desde mi punto de vista, este pequeño experimento fue un éxito. Desde entonces he compartido con muchos de los miembros de mi equipo todo lo que aprendí y, en las próximas semanas, mi intención es tener más conversaciones con ellos sobre las actitudes motivacionales».

## Resumen de «El dilema de la motivación»

Motivar a las personas no funciona porque ya están motivadas: siempre están motivadas. El dilema de la motivación consiste en que, a pesar de que la motivación no funciona, se responsabiliza a los líderes de ella. Este dilema ha provocado prácticas de liderazgo motivacional ineficaces. Exiges resultados, pero lo único que obtienes es que la presión, la tensión y los incentivos externos impiden que tus empleados logren los resultados que quieres. Para colmo, las tácticas tradicionales de motivación se centran en conseguir resultados a corto plazo que suelen perjudicar las expectativas a largo plazo.

Motivar a los empleados no funciona, pero en el próximo capítulo expondré lo que sí funciona. Aprenderás a reducir la comida basura motivacional y a ofrecer alternativas saludables que demostrarán ser la clave del dilema de la motivación.

# Qué motiva a las personas:
# la verdadera historia

**¿Alguna vez has pensado** en qué te hace levantarte de la cama por las mañanas (y permanecer en pie)? ¿Por qué amaneces entusiasmado unas mañanas y otras solo consigues arrastrarte?

¿Te has preguntado qué se necesita para rechazar una magdalena de quinientas calorías en lugar de sucumbir a la tentación?

¿Alguna vez te has parado a pensar en qué se diferencia tu energía colérica, defensiva y engreída de tu energía alegre, amorosa y compasiva?

Las respuestas a estas preguntas se encuentran en las pruebas irrefutables de que los seres humanos poseen una tendencia y un deseo natural de mejorar. Por descontado, la ciencia solo se está poniendo al día en algo que las personas reflexivas y creativas saben por el mero hecho de vivir. Películas como *El mago de Oz*, *Star Wars* y *Gravity* son un ejemplo de esta tendencia natural. Poetas como Jalil Gibran, Maya Angelou y Robert Frost han reflexionado sobre nuestro anhelo de plenitud. Artistas y músicos antiguos y modernos siguen expresando el ansia de crear una identidad propia, de crecer y de tener relaciones significativas con los demás. Queremos prosperar, pero no podemos hacerlo solos.

Por naturaleza, somos animales sociales. Esforzarnos por cumplir nuestro potencial humano individual es algo natural, pero también reconocemos de manera innata que la conexión entre nosotros y el mundo que nos rodea es una parte esencial de este proceso.

Puede que nuestro anhelo por mejorar sea natural, pero no es algo que logremos automáticamente, sobre todo en el trabajo. El hecho de que nos atraiga el crecimiento y la integración psicológica no garantiza que lo consigamos. La prosperidad humana en los lugares de trabajo es un potencial dinámico que debe cultivarse. La oficina puede facilitar, impulsar y permitir nuestro crecimiento, o interrumpirlo, desbaratarlo e impedirlo. De hecho, las prácticas motivacionales convencionales, con mucha frecuencia, han socavado más que alentado nuestro potencial humano.

Las malas noticias son que hemos pagado un precio muy alto por trabajar con ideas anticuadas sobre la motivación. Las buenas noticias son que es ahora cuando aparece la nueva ciencia de la motivación, como un punto de partida radical y como una oportunidad emocionante.

Si llegas a comprender la verdadera historia de la motivación, experimentarás un cambio en tu manera de vivir y trabajar, y, lo más importante, en tu forma de dirigir.

## Arroja luz sobre la verdadera naturaleza de la motivación humana

El título de este libro afirma que motivar no funciona. También promete una respuesta a la pregunta: ¿Qué funciona? La esencia de la respuesta está en la base de la ciencia de la motivación y en tres necesidades psicológicas: *la autonomía, las relaciones personales y la competencia.* Sin que importen el género, la raza, la cultura o la generación, la verdadera historia de nuestra motivación será simple o compleja, dependiendo de si hemos satisfecho nuestras necesidades psicológicas.

Te darás cuenta de que empleo los términos *autonomía, relaciones personales* y *competencia* cuando analizo las cualidades individuales de estas necesidades, y ARC cuando me refiero a su poder conjunto, que no es nada desdeñable.

Si necesitas una confirmación de que estas tres necesidades psicológicas son esenciales para prosperar y crecer, puedes estudiar la gran cantidad de pruebas que han puesto sobre la mesa las investigaciones de los últimos sesenta años, a muchas de las cuales me refiero a lo largo de estas páginas o en las notas, la bibliografía o en la sección de fuentes. También puedes tener en cuenta las pruebas, de carácter más anecdótico, que se encuentran en las historias, los ejemplos y los casos de estudio que han generado mis veinte años de experiencia en más de cincuenta países. O, sencillamente, puedes observar a los bebés, o recordar tu propia experiencia con ellos. Como descubrirás en los siguientes tres apartados, las necesidades psicológicas de autonomía, relaciones personales y competencia se desarrollan en nosotros desde el momento en que nacemos.

## La primera necesidad psicológica: autonomía

Los investigadores han estudiado la necesidad de la autonomía y los efectos de *carecer* de ella más que cualquier otra necesidad psicológica.

*La autonomía es la necesidad psicológica de percibir que tenemos opciones. Es la necesidad de sentir que aquello que hacemos depende de nuestra voluntad. Es la percepción de que nosotros somos el origen de nuestras acciones.*

Un buen ejemplo de autonomía es lo que ocurre cuando quieres dar de comer a un bebé. ¿Qué es lo que hace cuando llevas una cuchara llena de papilla hacia su boca? Quiere coger la cuchara, quiere hacerlo él mismo. Quiere ser el origen de la acción que lleva la comida a su boca. A pesar de no tener la capacidad para hacerlo por sí mismo, necesita controlar la situación.[1] Si se lo impide una trona demasiado alta, cerrará la boca o girará la cara. Esto explica las caras embadurnadas de puré de zanahoria que suelen tener los bebés cuando les hacen una foto al comer.

Si ya tienes cierta edad, es posible que recuerdes los anuncios animados de los cereales Maypo. Si no es así, busca en Internet y míralos en YouTube. En uno de mis favoritos, un padre intenta que su hijo coma la avena con sabor a jarabe de arce. El niño se niega en redondo. El padre hace juegos con la cuchara, con la esperanza de que coma sus Maypo, pero tan pronto como se acerca la cuchara, el niño cierra la boca. Por último, el padre, aprovechando que al crío le encantan los vaqueros, simula ser uno de ellos y se come una cucharada. Después de probarlos, el padre se da cuenta de que le encantan y empieza a comérselos. El pequeño, al ver que su padre disfruta de los cereales, grita: «¡Quiero mis Maypo!» Cualquier padre que utilice la psicología inversa está apelando a la necesidad de autonomía de su hijo. (No obstante, se debe ir con cuidado que no nos salga el tiro por la culata. Los niños detectan la manipulación a kilómetros de distancia. Si se dan cuenta de que los estás manipulando, su segunda necesidad psicológica, la de relacionarse, quedará mermada.)

Durante los últimos veinte años, varios estudios han puesto de manifiesto que los adultos nunca perdemos la necesidad psicológica de la autonomía.[2] Por ejemplo, la productividad aumenta considerablemente cuando los obreros de una planta de producción tienen la autorización para parar la línea de montaje. Y lo mismo ocurre con los empleados de grandes bancos de inversión que afirman tener una amplia sensación de autonomía. Y se siente así cuando pueden controlar y decidir qué hacer. La autonomía no significa que los directores sean permisivos o no se metan en nada, sino que los empleados sientan que su voz es escuchada en la empresa. La atribución de poderes a menudo se considera un cliché, pero si los trabajadores no sienten este poder su autonomía se reduce, igual que la productividad y el rendimiento.[3]

Para algunas personas, sentir que todo lo que hacen depende de ellos puede ser excesivo. Tengan o no tengan esta capacidad formal, lo importante es que puedan escoger su propio nivel de autonomía.

Uno de los ejemplos más reveladores es la descripción del psicólogo Viktor Frankl de cómo él y otras personas lograron sobrevivir en las peores condiciones que uno pueda imaginarse: en un campo de concentración de la Segunda Guerra Mundial. Obviamente, Frankl no tenía libertad alguna, pero encontró maneras de satisfacer su necesidad básica de autonomía al apreciar un hermoso amanecer, ayudar a otros que sufrían más que él y responsabilizándose de su propia forma de pensar. De esta experiencia, escribió lo siguiente: «A un hombre se le puede quitar todo excepto una cosa, la última de las libertades humanas: escoger con qué actitud se enfrenta a cualquier circunstancia dada, escoger su propia forma de pensar».[4]

Un axioma corporativo afirma que el 20 por ciento de la autonomía nos la dan, y el 80 por ciento la tomamos nosotros mismos. Así que es engañoso decir que tenemos la libertad para hacer lo que queramos en el trabajo. Sin embargo, la verdad es que tenemos la opción de levantarnos de la cama, ir a trabajar y aportar algo, o no hacerlo. Cada vez que creemos que no tenemos elección estamos socavando nuestra propia sensación de autonomía.

Un artículo provocativamente titulado «Si quieres motivar a alguien, haz el favor de callarte» despertó mi curiosidad.[5] Para saber más, llamé a Brandon Irwin, el principal investigador que se citaba en el artículo en cuestión en el que se resaltaban prácticas motivacionales que no funcionan como pensamos. Brandon me explicó que, al principio, su equipo se sorprendió al saber que, cuando un entrenador anima verbalmente —«Venga, haz una más, tú puedes, no desfallezcas»—, el rendimiento es significativamente menor que cuando un entrenador es atento, pero se mantiene callado.[6]

La hipótesis de Brandon es que, con lo que sabemos de la autonomía, los entrenadores silenciosos obtienen mejores resultados que los que verbalizan porque los ánimos que dan externalizan la atención y la energía de quien hace los ejercicios. El cambio de interno a externo bloquea su noción de autonomía. Los ánimos y los elogios externos subvierten el deseo interno de superarse, de continuar y de sobresalir, de forma que se limitan sus capacidades.

En un intento de compensar la distracción que supone un entrenador que verbaliza, Brandon y su equipo probaron con los incentivos. Si los deportistas alcanzaban una meta exigente (a pesar de tener un entrenador que verbaliza), obtendrían como premio una suscripción gratis al gimnasio. Coherentemente con los estudios que demuestran que las recompensas tienden a disminuir el rendimiento a corto y largo plazo, la distracción añadida de un incentivo externo —más comida basura motivacional— bloqueaba aún más la noción de autonomía del deportista, perjudicaba su capacidad de sacar partido a sus recursos internos e incluso reducía todavía más el rendimiento.[7]

Los resultados de Brandon respecto a los entrenadores que verbalizan también tienen implicaciones interesantes para la segunda necesidad psicológica: las relaciones personales.

## La segunda necesidad psicológica: las relaciones personales

¿Qué hace una niña cuando te está hablando y tú no la miras? Con sus manitas, te coge la cara y la gira hacia ella, obligándote a mirarla. Incluso en las sociedades donde no está bien visto que alguien de un estatus social más bajo mire a los ojos de una persona con un estatus superior, los niños hacen lo mismo: es una reacción natural para comunicarse. No importa qué edad tengamos, ni nuestra posición social, ni nuestra cultura: relacionarnos es una de nuestras necesidades psicológicas.

*Relacionarse es la necesidad de preocuparnos por los demás y de que los otros se preocupen por nosotros. Es la necesidad de comunicarnos con otros sin tener en cuenta segundas intenciones. Es la necesidad de saber que formamos parte de algo más allá de nosotros.*

Date cuenta del abanico de necesidades que abarca el hecho de relacionarse. Es personal, interpersonal y social. Ansiamos comunicarnos.[8]

Hace algunos años, un gigante de la electrónica mundial me contrató para dar una conferencia en Londres a un centenar de sus directivos. Cuando iba a subir al escenario, la presentadora me dio un aviso. Yo era lo único que había entre ese centenar de directivos y su viaje de vuelta a casa después de un congreso de una semana. Me dijo que estaban exhaustos y que quizás estarían inquietos durante mi conferencia de hora y media. También se disculpó de que cayeran en las multitareas. Me explicó que otros conferenciantes se habían quejado durante toda la semana por la falta de atención y porque los asistentes no dejaban de enviar mensajes de texto y correos electrónicos.

Las advertencias de la presentadora encendieron mi naturaleza competitiva: ¡Se iban a enterar! Iba a ser tan cautivadora que los asistentes se olvidarían de volver a casa y de enviar textos para escucharme con una atención embelesada. Tres minutos después de empezar la presentación, estaba mordiendo el polvo. Ni una sola persona me estaba mirando. Podía perfectamente estar hablando con una pared. De hecho, *estaba hablando* con una pared, lo cual me descorazonó. De forma espontánea, decidí hacer algo que me habían contado otros conferenciantes pero que, dada mi naturaleza extrovertida, nunca me había atrevido a hacer. Me callé y me quedé allí —esperando, esperando, esperando— hasta que el silencio captó la atención del público y todos los asistentes acabaron mirándome con curiosidad.

Después de lo que me pareció una eternidad, pregunté lenta y tranquilamente: «¿Qué está ocurriendo aquí? Por alguna razón, vuestra empresa pensó que merecía la pena gastarse miles de dólares para hacerme volar miles de kilómetros y hablaros de unas ideas que pueden mejorar vuestra manera de liderar. Obviamente, vosotros no estáis de acuerdo. Hagamos un trato. Concededme quince minutos. Es todo lo que pido: quince minutos. Si no digo nada que valga la pena en quince minutos, no mereceré vuestra atención y podréis volver a ocuparos de vuestros móviles, tabletas y ordenadores».

En ese momento, todos me estaban mirando con incredulidad. Todos, excepto un joven que volvió de inmediato a teclear y, en voz alta, dijo: «Bueno, yo puedo hacer varias cosas a la vez, ¿no?» Me acerqué todo lo que pude a él antes de responderle en broma: «Podrías, si fueras una mujer». Todos estallaron en carcajadas. Al parecer, había escogido a la persona adecuada para entablar un contacto. Alzó los ojos, sonrió y respondió: «Vale, dame lo mejor que tengas».

Pero, en lugar de darles cualquier cosa, descarté la conferencia que había preparado y engarcé al grupo en un debate sobre lo que acababa de ocurrir. Se convirtió en uno de esos momentos mágicos en los que todos aprendemos algo. Les conté cómo me sentía intentando hacer un buen trabajo y transmitirles las ideas que me apasionaban sin que me prestaran atención ni hubiera señal visible alguna de interés. Ellos me hablaron del miedo que sentían de dejar sus dispositivos electrónicos y de no comunicarse continuamente con los demás. Fue interesante analizar cómo ninguno de nosotros podía satisfacer la necesidad básica de relacionarse.

Uno de los grandes momentos eureka fue que se dieran cuenta de que muy pocos de ellos —o de las personas que tenían a su cargo— satisfacían su necesidad de relacionarse en el trabajo. El deseo de sus empleados de estar en contacto constante con sus amigos *de fuera de la oficina* se debía a una falta de relación *en la oficina*, sobre todo aquellos de la generación X o la del Milenio.[9]

Me gustaría que consideraras la pregunta que les hice a aquel grupo de líderes globales: ¿Qué porcentaje de vuestro tiempo está relacionado con vuestro trabajo? Incluyendo el tiempo que necesitas para prepararte, para ir a la oficina, trabajar, volver a casa, desconectar… Seguramente, un 75 por ciento del tiempo que pasas despierto está relacionado con tu trabajo. Si la necesidad de relacionarte no se satisface en el trabajo, y un 75 por ciento del tiempo está dedicado a él, entonces, ¿cuándo la satisfaces? No existe nada parecido a una *satisfacción compensatoria de la necesidad*. Como me explicó Jacques Forest, la satisfacción de las necesidades es importante para todo el mundo, siempre y en cualquier parte. Si no satisfaces tu necesidad de relacionarte en el trabajo, es probable que no puedas compensarlo en el tiempo limitado que vives fuera de él.[10]

Una de las grandes oportunidades de un líder es ayudar a sus empleados a encontrar sentido a lo que hacen, contribuir a un

objetivo social y tener relaciones interpersonales sanas en la oficina. El problema es que profundizar en estas relaciones general-
mente se ha desalentado e, incluso, se ha prohibido. Por desgracia, sentencias como «No es nada personal: son solo negocios»
desdeñan un aspecto del trabajo que es esencial para nuestra vida
como seres humanos: la calidad de nuestras relaciones.

Cuando los directores presionan para mejorar el rendimiento
sin tener en consideración cómo se sienten sus empleados, estos lo
interpretan como una forma de egoísmo. Estas estrategias de motivación, demasiado comunes, minan la capacidad de relacionarse
y el rendimiento de las personas.

El papel que desempeñas como líder tiene que ayudar a que
los empleados se relacionen plenamente en la oficina: *preocuparse por los demás y sentir que los demás se preocupan por uno,
sentirse valorado sin segundas intenciones y formar parte de objetivos más grandes que uno mismo.*

El estudio de Brandon Irwin que hemos descrito en la sección sobre la autonomía demostraba que los entrenadores silenciosos obtienen una mayor productividad de sus deportistas que
aquellos que los animan verbalmente. Pero es importante resaltar que tener un entrenador desempeña un papel. Se rinde más
con un entrenador que sin él. No obstante, no se puede negar la
importancia del *tipo de entrenamiento.* Brandon está convencido de que las relaciones tienen un impacto considerable en los
resultados.

Los deportistas pensaban que los entrenadores que verbalizan actuaban únicamente en su propio interés. En algunos casos,
interpretaban los ánimos verbales como la necesidad de ganar del
entrenador. En otros, si los deportistas percibían que los objetivos
que proponía el entrenador estaban fuera de su alcance, interpretaban que los ánimos verbales del entrenador estaban más dirigi-
dos a su propia motivación que a la del deportista.

Este descubrimiento es esencial cuando se aplica a las relaciones interpersonales en la oficina. Los empleados sentirán lo contrario de una relación si perciben que tú o la empresa los está utilizando, si creen que tu atención no es auténtica o si sospechan que solo son el medio para los objetivos de otra persona.

Motivar a las personas no funciona porque no se puede obligar a nadie a tener la sensación de que se está relacionando. Pero, como líder, puedes alentar las relaciones personales poniendo en cuestión las creencias y las prácticas que socavan la capacidad de relacionarse de los empleados. Esto significa prestar atención a lo que sienten. Significa adquirir la habilidad para comprender sus emociones. Significa entrar en el plano personal.

## La tercera necesidad psicológica: la competencia

¿Alguna vez te has quedado fascinado mirando cómo un niño aprende a caminar? ¿Qué te llama la atención? Que se cae mucho. Nunca te preguntas por qué se cae. Es obvio que está aprendiendo. Pero, ¿por qué vuelve a levantarse? Cuando logra ponerse en pie para intentarlo de nuevo, ¿por qué se ríe? La respuesta es que se alegra de aprender, de crecer, de adquirir el dominio de sí mismo. La tercera necesidad psicológica es la competencia.

*La competencia es la necesidad de sentirse efectivo en cualquier reto u oportunidad que tenemos a lo largo del día. Es demostrar que sabemos hacer algo. Es sentir que crecemos y mejoramos.*

Cualquiera que haya vivido con un niño de dos años habrá oído incesantemente la misma pregunta: «¿Por qué?» ¿Por qué los niños preguntan por qué? Porque les encanta crecer y aprender. Les facilitamos el aprendizaje con sistemas como la escuela. Y es allí donde empezamos a incitarlos con palos, es decir, con el estrés para que saquen buenas notas, la presión para que sean el primero de la clase o para que hagan actividades que se valoran en las solicitudes de ingreso a la universidad. Evaluamos su aprendizaje, recompensamos su rendimiento positivo con zanahorias, es decir, premios escolares, elogios públicos y premios por ser el mejor estudiante del mes. ¿Alguna vez has pensado lo que le ocurre al 99,9 por ciento de los niños que no llegan a obtener ningún premio?

Algunos sistemas educativos empezaron a comprobar la inutilidad de los programas de incentivos que recompensan a unos pocos y desalientan a la mayoría. Hoy en día, la tendencia es: «¡Todo el mundo tiene premio!» Pero esta solución no proporciona la enseñanza efectiva o la reacción realista que necesitan los niños para estar satisfechos con su competencia.

Motivar a los niños para que aprendan no funciona por la misma razón que no funciona con los adultos: porque ya están motivados para aprender. Los niños tienen la necesidad psicológica de aprender y crecer. Sobornarlos con zanahorias o castigarlos con palos perjudica su amor natural por aprender. Nos preguntamos qué ha ocurrido con la capacidad de asombro de un niño cuando los vemos años más tarde desorientados en el mundo laboral. Los niños a los que les aplicaron técnicas de motivación ineficaces para aprender y crecer son ahora adultos enganchados a la comida basura motivacional, en la forma de planes de bonificación por rendimiento y complicados programas de incentivos y recompensas.

Motivar no funciona porque no se puede imponer el crecimiento y el aprendizaje a una persona. Pero sí se puede facilitar un entorno de aprendizaje que no perjudique la noción de competencia de las personas. ¿Qué mensaje estamos enviando sobre la importancia de la competencia cuando la formación es una de las primeras cosas de las que se prescinde en tiempos de penurias económicas? ¿Qué transmitimos sobre nuestra apuesta por el crecimiento de los trabajadores cuando las oportunidades para formarse se centran o se limitan a los directivos o a los altos ejecutivos? Irónicamente, las empresas obligan a los ejecutivos a asistir a reuniones de estrategia que duran varios días, pero no les facilitan una formación continuada para mejorar su capacidad de liderazgo. E incluso son menos proclives a invertir en formación para que los empleados con cargos medios mejoren sus capacidades. Es un error. Las personas necesitan sentirse competentes en todas las áreas de la vida y, sobre todo, en aquellas a las que dedican más tiempo. Si no se sienten competentes en el trabajo, es muy probable que no tengan una noción general de competencia, y esto afectará negativamente a todos los aspectos de su vida.

Al final del día, estarás perdiendo una oportunidad si solo te preguntas: «¿Qué he logrado hoy?» Intenta añadir: «¿Qué he aprendido? ¿En qué he crecido?»

## Las necesidades psicológicas: el arco iris del ARC

Es importante que veas la conexión entre las necesidades psicológicas y las actitudes motivacionales. Como puedes ver en el modelo del Espectro de la Motivación, en la figura 2.1., cuando una persona satisface sus necesidades psicológicas tiene una actitud motivacional óptima. En otras palabras, si sus necesidades de autonomía, relaciones personales y competencia están satisfechas, el resultado es una actitud motivacional aceptada, integrada o inherente. (En la versión en color del Espectro de la Motivación estas tres actitudes motivacionales óptimas están representadas por los colores de alta frecuencia del arco iris (azul, lila y violeta.)

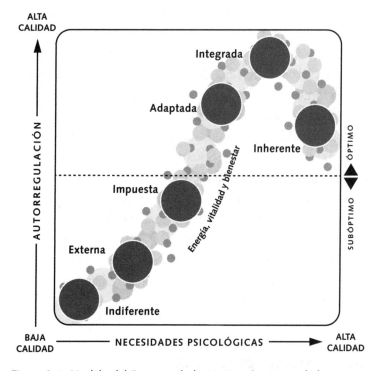

Figura 2.1. Modelo del Espectro de la Motivación. Necesidades psicológicas

Cuando una persona experimenta necesidades psicológicas de baja calidad, tendrá una actitud motivacional subóptima. En otras palabras, si sus necesidades de autonomía, de relaciones y de competencia no están satisfechas, el resultado es una actitud motivacional indiferente, externa o impuesta. (En la versión en color del Espectro de la Motivación, estas tres actitudes motivacionales están representadas por los colores de baja frecuencia del arco iris: el rojo, el naranja y el verde.)

## El efecto dominó del ARC

Aunque he descrito las necesidades psicológicas individualmente, es importante valorar la naturaleza integrada del ARC.

Imagina que tienes una directora con necesidad de control. Vigila excesivamente a las personas y los proyectos, sea necesario o no. No es capaz de ver, o no le importa, que su estilo de liderazgo inapropiado le hace perder oportunidades y tiene un impacto en las necesidades psicológicas de sus empleados. Parece no estar dispuesta a cambiar su manera de ser porque, después de todo, ha ido ascendiendo en la empresa.

A lo largo de los años, le has demostrado tu valía, sobre todo cuando es necesario recopilar datos de ventas y enviar los informes trimestrales a las oficinas centrales. De hecho, cuando tuvo que ausentarse, tú redactaste los informes. Aun así, sigue queriendo revisar y editar los informes y enviarlos ella misma a las oficinas. Los cambios que hace parecen arbitrarios. Sencillamente, no hay forma de que esté contenta. Su control excesivo está minando tu noción de la autonomía: controla tu trabajo y no deja que pienses por ti mismo. No te atreves a quejarte a los superiores porque ya has visto lo que les ocurre a quienes se quejan.

Así es como empieza el efecto dominó del ARC. La falta de autonomía hace que te preguntes sobre tu competencia. Tu incapacidad para gestionar el control excesivo de la directora o la política de la empresa perjudica tu competencia. El liderazgo ineficaz de la directora, la falta de sensibilidad por tus necesidades y un egoísmo aparente impiden cualquier sensación de estar relacionándote satisfactoriamente. Las fuerzas externas intangibles (su control excesivo y tu miedo) determinan tu noción interna de bienestar. Si la marcha de la economía fuera mejor y resultara fácil encontrar trabajo, dejarías la empresa.

En lo que respecta a los informes, los redactas por miedo a lo que pueda pasar si no lo haces. Tienes una actitud motivacional impuesta. Haces tu trabajo por miedo y, quizá, por un leve sentimiento de culpa, mientras piensas: *Escribiré los informes porque tengo que hacerlo, pero me molesta. Haré lo justo para cumplir.* No pierdes el tiempo en pensar creativamente ni en añadir calidad porque, probablemente, la directora acabará por cambiarlo.

Y las malas noticias continúan. Empiezas a generalizar la actitud motivacional subóptima: *La única razón por la que me levanto es para cobrar a fin de mes.* De repente, tienes una actitud motivacional externa hacia tu trabajo: solo consiste en dinero.

Las personas disfrutamos enormemente cuando las tres necesidades psicológicas están satisfechas y sentimos la energía positiva, la vitalidad y el bienestar. Pero —y esta no es una objeción desdeñable— las necesidades son interdependientes. El efecto dominó del ARC adquiere todo su poder arrollador incluso cuando solo una de estas necesidades está insatisfecha. Si caen la A, la R o la C, las otras dos también acaban desmoronándose.

## Caso de estudio motivacional: el arte de congraciarse

Como responsable del restaurante de un centro vacacional de tamaño medio, Art estaba contento con el éxito inmediato de su estrategia: «Lo más importante para los camareros son las propinas», me contó. «A mis camareros les enseño a tener mejores propinas congraciándose con los clientes. Están motivados porque cuanto más hablan con ellos, les llaman por su nombre, son simpáticos e incluso a veces les dan una palmada amistosa, más altas son las propinas. Ven una causa y efecto inmediato.»

Esta táctica le estaba funcionando. La mayoría de los camareros recibían buenas propinas. Pero la cuestión que debemos considerar es qué actitud motivacional estaba promoviendo. Centrarse en aumentar las propinas le daba a su personal una sensación de autonomía: *si soy simpático, tengo más propinas*. Que Art diera importancia a una conducta específica y al efecto inmediato de las propinas, reforzaba su éxito, crecimiento y aprendizaje, y, probablemente, también la sensación de competencia.

Sin embargo, aunque parecía satisfacer las necesidades de autonomía y competencia, estaba dejando de lado las relaciones personales. En un negocio de cara al cliente, Art no logró alentar la comunicación entre su personal y los clientes a los que servían. Además de que les dieran más propinas, pocos de sus trabajadores sentían que su trabajo tuviera un significado o un objetivo más profundo.

Al acabar la noche, el comentario típico de los camareros reflejaba una actitud motivacional externa: «¡Mira cuántas propinas me han dado!» Compara la diferencia cualitativa entre este comentario y otro que denota una actitud motivacional óptima: «Me parece que debo de haber sido lo único bueno que le ha pasado a esa pareja esta noche. Han venido enfurruñados, pero se han ido riéndose. Me ha sentado bien ayudar a Tony cuando no daba abasto con esas dos mesas. Hemos trabajado como un equipo esta noche, como una máquina bien engrasada. ¡Ha sido divertido! He marcado la diferencia. Y, además, he ganado dinero haciendo algo con lo que disfruto, en lo que soy bueno y que significa mucho para mí».

Art dejó pasar una oportunidad perfecta para crear un lugar de trabajo en el que el personal pudiera sentir el poder del ARC. Podría haber preparado el camino hacia el éxito fomentando las relaciones, mejorando el servicio o logrando clientes habituales en lugar de simplemente ganando más dinero en propinas. Podría haber ayudado al personal para que apreciara los valores del servicio, la creatividad para hacer mejoras o para que disfrutaran de su trabajo. Les podría haber mostrado lo satisfactorio que es lograr que una cena sea una experiencia positiva o que uno disfrute de su trabajo. Art podría haber propiciado una vivencia más significativa y profunda de sus trabajadores ayudándoles a salir de una actitud motivacional externa.

Y no comprender qué es lo que de verdad motiva a las personas acabó volviéndosele en contra. Centrarse en una actitud motivacional externa, sencillamente, no es sostenible. Cuando el personal ya sabía cómo ser simpático y obtenía el máximo de propinas no se podía crecer más. Cuando estaba acabando la temporada, la economía se desplomó y las propinas empezaron a escasear, el rendimiento de sus trabajadores bajó y también acabó desplomándose.

En el momento en que los camareros y los clientes comenzaron a quejarse, aumentó la rotación de personal. La reacción de Art fue la siguiente: «Lo único que puedo hacer para que mejoren es pagarles más, implantar programas de reconocimiento e incentivarles y recompensarles por esforzarse más. Y no tengo suficiente presupuesto para ello».

Art hizo lo que hacen la mayoría de empresas cuando no tienen suficiente dinero para aumentar los salarios y los incentivos que motiven a los trabajadores (es decir, la táctica tradicional de la motivación): se convenció de que el trabajo de camarero tenía mucha rotación. Trató de justificar el aumento de costes de contratación y formación como algo normal en el sector. Culpó a los trabajadores incompetentes del impacto negativo en las ventas y en la valoración de los clientes.

Imagina qué habría ocurrido si Art hubiera comprendido lo que realmente motiva a las personas. Podría haber fomentado la autonomía, las relaciones personales y la competencia proporcionando más opciones sobre cómo tener éxito, ayudando a su personal a descubrir el significado y el valor de servir a los demás y alentando la creatividad y las nuevas habilidades. Podía haber generado más energía, vitalidad y un rendimiento más duradero a largo plazo.

La ironía es que los propietarios del centro vacacional llegaron a la conclusión de que Art era un incompetente y lo despidieron. Aceptaron la lógica de que el puesto de responsable del restaurante tiene mucha rotación.

## Resumen de «Qué motiva a las personas: la verdadera historia»

La verdadera historia de la motivación es que las personas tienen las necesidades psicológicas de la autonomía, las relaciones personales y la competencia. Es un error pensar que no están motivadas. Sencillamente, quieren satisfacer unas necesidades que no pueden nombrar. ¿Conoces a alguien en tu trabajo que no prefiera tomar buenas decisiones, ser una fuerza positiva o tener capacidad de asombro? Yo no.

La verdadera historia de la motivación es que las personas son aprendices que desean crecer, disfrutar de su trabajo, ser productivos, hacer aportaciones positivas y fomentar relaciones duraderas. Y esto no se debe a fuerzas motivacionales externas a ellos, sino a su naturaleza humana. En el capítulo 3 analizaremos por qué es tan difícil satisfacer unas necesidades que son esenciales para nuestro bienestar.

# El peligro de los impulsos

***Ten cuidado con dejarte*** *llevar por los impulsos. Porque, si te dejas llevar por ellos, ¿quién decide a dónde vas?* Oí este proverbio hace muchos años y, desde entonces, «dejarse llevar» ha tenido una connotación negativa para mí. Nunca me ha gustado la idea de que algo o alguien exterior a mí me controlara. Sin embargo, parece que mi interpretación es minoritaria. Tener una conversación de motivación sin usar la palabra «impulso» es casi imposible. Se considera que una persona con mucho impulso está muy motivada y, a la inversa, si alguien no tiene, se suele decir que no lo está. El impulso interno denota algo bueno. Podría estar de acuerdo en este último punto, pero depende de su naturaleza: ¿hacia dónde te lleva y por qué?

Una de las teorías motivacionales más populares de los últimos cien años se llama Teoría de la Pulsión. La idea consiste en que nos motiva conseguir lo que no tenemos. Si estás sediento, tienes la pulsión de beber. Si estás hambriento, tienes la pulsión de comer. El uso generalizado de la Teoría de la Pulsión nos ha llevado a aceptar la pulsión de los resultados, la pulsión del éxito, la pulsión del rendimiento. El problema con esta teoría es que, como teoría general de la motivación, después de beber o comer has satisfecho la necesidad y, por lo tanto, ya no sentirás la pulsión de beber o comer hasta que el cuerpo vuelva a sentir la carencia. No obstante, ahora estamos empezando a comprender los costes reales de la pulsión.

## Teoría de la Anti-pulsión

Las necesidades psicológicas no son pulsiones. De hecho, son lo contrario. Las pulsiones desaparecen cuando se sacian (como la sed cuando bebemos o el hambre cuando comemos). Sin embargo, cuando las necesidades psicológicas se satisfacen, experimentas tal energía positiva, vitalidad y bienestar, ¡que quieres más! Seguramente, lo habrás sentido con tus propias adicciones positivas, como correr, meditar, hacer de voluntario, jugar con niños o cuando te olvidas de ti mismo al sumergirte en una actividad.

*Las personas que sienten el ARC, prosperan. No necesitan que nada ni nadie les impulse.*

Cuando Brandt, un estudiante de máster de liderazgo ejecutivo en la Universidad de San Diego, donde soy profesora, describió su actitud como una «pulsión intensa», le hice varias preguntas: ¿Quién o qué te está impulsando? ¿Te sientes impulsado por la promesa de dinero, recompensas, poder o posición? ¿Te sientes impulsado para escapar del miedo, la vergüenza o la culpa? ¿Te sientes impulsado para evitar decepcionar a alguien o a ti mismo?

Aunque la propia naturaleza de las actividades semanales reta a los líderes de alto nivel a que sean introspectivos, me impresionó la franqueza de Brandt para investigar la fuente y la calidad de sus pulsiones. Me contó que, a pesar de ser un ejecutivo exitoso en una prestigiosa empresa electrónica, deseaba algo que no podía definir. Se sentía desequilibrado psicológica, mental y emocionalmente. Brandt y yo analizamos las razones subyacentes para una conducta laboral tan intensa, la distancia entre sus valores adoptados y aquellos que sentía, y la diferencia entre la realidad y sus sueños y objetivos vitales. A Brandt no le llevó mucho tiempo descubrir esta realidad: «dejarse llevar por los impulsos» es otra forma de decir que «yo no estoy al mando».

Brandt empezó a darse cuenta de que algo externo le estaba impulsando y provocando sus emociones, sentimientos y acciones. Ese «algo» resultó ser la necesidad de ponerse a prueba y el origen era el deseo de impresionar a su padre, quien era una leyenda en la industria de la informática.

Descubrir que estas emociones y creencias desconocidas son la raíz de una conducta disfuncional no es revolucionario. La revelación de por qué nuestra sensación de bienestar, nuestras intenciones y nuestra conducta son disfuncionales es transformadora.

La causa de la disfunción es que las necesidades del ARC no están satisfechas. Si logramos comprender esto, podremos hacer algo al respecto.

Al parecer, Brandt había estado pivotando durante años entre una actitud motivacional externa (un deseo de elogios, de validación, de recompensas tangibles), y una actitud motivacional impuesta (el miedo a decepcionar a su padre). El impulso de estar a la altura de unas exigencias autoimpuestas, que medía según los ascensos, el éxito económico y el reconocimiento público, le había arrebatado la autonomía. Irónicamente, el deseo de complacer a su padre le había impedido tener una sensación verdadera y auténtica de que estaba relacionándose satisfactoriamente con él. La competencia de Brandt siempre quedaba minimizada al compararla con la percepción que él tenía de la competencia de su padre. Había estado buscando una manera de satisfacer sus deseos en todos los lugares equivocados y por todos los medios erróneos.

Las actitudes motivacionales subóptimas de Brandt (externa e impuesta) eran síntomas de la baja calidad de su ARC y de una energía negativa, una falta de vitalidad y una sensación de bienestar mínima. Necesitaba una manera de romper el círculo vicioso de remedios basura que perpetuaban una situación indeseable. Brandt lo expresó perfectamente al decir: «Me he pasado comiendo patatas fritas».

## Autorregulación: el medio para un fin satisfactorio

Las personas *quieren* mejorar. Y lo logran cuando sienten autonomía, relaciones plenas y competencia. Así que, ¿cuál es el problema?

Las necesidades psicológicas son frágiles.[1] Su fuerza reside en la potencia combinada de los elementos del ARC, pero si uno de ellos está desequilibrado, los demás se ven perjudicados. El trabajo y las experiencias de la vida nos pueden distraer fácilmente del ARC. Las empresas minan nuestra autonomía al tentarnos con comida basura motivacional. Los individuos pulsan teclas emocionales que pueden destruir sus relaciones personales. La rapidez de los cambios amenaza nuestra competencia. ¿Cómo protegemos nuestras necesidades psicológicas de estas distracciones? La respuesta se encuentra en el eje vertical, llamado autorregulación, del modelo del Espectro de la Motivación.[2]

*La autorregulación es la gestión consciente de los sentimientos, los pensamientos, los valores y los objetivos para lograr un esfuerzo inmediato y continuado.*[3] Es necesario que comprendas el papel que desempeña la autorregulación para ayudarte a satisfacer las necesidades psicológicas. También debes valorar el papel que tú tienes para crear un lugar de trabajo que facilite la autorregulación necesaria para que tus empleados puedan satisfacer *sus* necesidades psicológicas.[4]

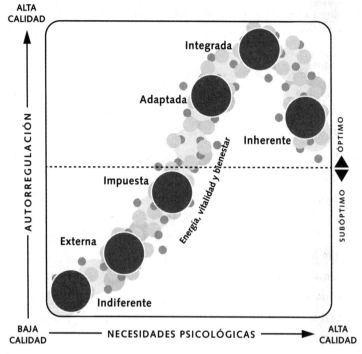

Figura 3.1. Modelo del Espectro de la Motivación: Autorregulación

## La naturaleza de la autorregulación: comer nubes de azúcar

Pon una nube de azúcar delante de un niño y pídele que no se la coma hasta dentro de un cuarto de hora. Después, sal de la habitación y, mediante una cámara oculta, observa qué pasa. Es el experimento que hicieron unos investigadores de la Universidad de Stanford a finales de la década de 1960 y principios de 1970: les explicaron a los niños que si esperaban quince minutos antes de comerse la nube, recibirían otra.[5] En la grabación, se puede apreciar cómo se encienden los ojos de los niños ante la perspectiva de dos nubes de azúcar. El objetivo del experimento era medir su capacidad para obtener una gratificación aplazada. Lo que descubrieron es revelador e hilarante.

Algunos niños apenas resistieron unos segundos antes de hincarle el diente a la nube de azúcar. Otros intentaron esperar. Las técnicas que utilizaron para no comérsela eran fascinantes. Unos se tapaban los ojos, otros simulaban dormir, otros daban vueltas a la habitación. Algunos lamieron la nube hasta casi deshacerla, pero no se la comieron. Otros la olieron tanto que casi llegaron a inhalarla.

Años más tarde, los investigadores compararon los resultados de la gratificación aplazada con los que habían obtenido en la vida real, entre ellos el examen de ingreso a la universidad, el nivel de educación y el índice de masa corporal. Y constataron una correlación sorprendente. Aquellos niños que habían logrado aplazar la gratificación durante más tiempo, los que tenían un grado más alto de autorregulación, obtuvieron las puntuaciones más altas en la vida real. Los investigadores concluyeron que los niños con la mejor autorregulación tenían más probabilidades de triunfar en la vida.

La investigación con nubes de azúcar fue un hito que instauró la autorregulación como un elemento crucial para el éxito en la vida. No obstante, dado que soy una defensora del autoliderazgo, me preocupaba que algunos interpretaran que la autorregulación era una aptitud con la que se nacía en lugar de ser algo que se podía escoger o desarrollar. Por esta razón, una investigación de la Universidad de Rochester de 2012 me llamó la atención.[6] Los investigadores se preguntaron qué efecto desempeñaba el proceso de pensamientos racionales de los niños en su capacidad para autorregularse. En los experimentos de Rochester, los «profesores» organizaron un proyecto artístico para analizar *por qué* algunos niños poseen una autorregulación de mayor calidad que otros.

Dividieron a los niños en dos grupos: a uno se le presentó una situación fiable y al otro una situación no fiable. Les dijeron que podían elegir entre empezar el proyecto artístico de inmediato con el material que estaba en la sala (unos pocos lápices de colores viejos en un frasco de cristal) o esperar a que llegara el profesor con un material mejor. Todos los niños decidieron esperar al profesor. En la situación fiable, llegó el profesor con el material prometido pero, en la situación no fiable, se disculpó por no haberlo podido llevar.

En los vídeos del experimento, lo primero que llama la atención son las reacciones de los niños cuando reciben el material y la profunda decepción cuando no lo reciben. La desilusión de no tener más material y de más calidad, como les habían prometido, provoca que se impliquen con menos entusiasmo en el proyecto artístico.

Aunque estas reacciones ya eran bastante interesantes, con implicaciones que van más allá de los niños y los proyectos artísticos y que se pueden aplicar en las empresas, no era lo que querían estudiar los investigadores de Rochester. De hecho, la cuestión de fondo seguía siendo las nubes de azúcar. Después de que los niños empezaran a desarrollar su proyecto y fueran filmados con cámaras ocultas, los profesores les dijeron que había llegado la hora de comer algo dulce. Les dieron dos opciones: podían comer la nube de azúcar de inmediato o esperar al profesor, que entonces les daría dos.

En los vídeos se pueden observar muchas de las tácticas que utilizaron los niños del primer estudio de las nubes de azúcar. De nuevo, a los niños les brillaron los ojos ante la perspectiva de dos nubes de azúcar. Uno de los niños mordisqueó la parte inferior de la nube de azúcar y la dejó de nuevo en el plato con la esperanza de que nadie se diera cuenta. Otro niño se sentó encima de la nube de azúcar: si no la veo, ¿no existe? Al final, todos los niños acabaron comiéndose la nube de azúcar al cabo de quince minutos.

Pero hubo una diferencia significativa respecto al primer experimento. Los niños del grupo fiable, a los que les había llegado el material extra tal como les habían prometido, obtuvieron un tiempo de gratificación aplazada cuatro veces mayor (una media de doce minutos) que los que estaban en el grupo no fiable (una media de tres minutos). *La calidad de la autorregulación de los niños tenía una relación inequívoca con el entorno y la experiencia.*

Los investigadores llegaron a la conclusión de que si los niños están en un entorno donde las ganancias a largo plazo son raras, es comprensible maximizar la recompensa inmediata. Los niños piensan que no vale la pena el esfuerzo emocional de aplazar la gratificación si no confían en que llegue nunca. Les sale más a cuenta actuar impulsivamente en lugar de autorregularse con la esperanza de recibir algo más a cambio. Obviamente, los niños en la situación fiable tuvieron una experiencia diferente y, por lo tanto, interpretaron de manera distinta sus opciones. Confiaron en que merecía la pena esperar conforme a la experiencia que habían tenido.

Este experimento de las nubes de azúcar tiene implicaciones significativas en los lugares de trabajo. ¿Recuerdas el proceso de valoración del que hemos hablado en el capítulo 1? Los empleados valoran continuamente el lugar de trabajo: es fiable o no es fiable, es amenazador o es protector, cumple lo que promete o no cumple. Es mucho más probable que un individuo tenga una autorregulación de alta calidad en un entorno fiable, protector y que cumple con sus promesas.

Los líderes y las empresas deben esforzarse más para crear un lugar de trabajo en el que no sea tan difícil autorregularse.[7] Por desgracia, incluso las mejores empresas nos pueden decepcionar, hacer que nos sintamos resentidos o que acentuemos nuestras debilidades, y provocar emociones que nos predispongan a engullir tanta comida basura como podamos, ya sean nubes de azúcar o patatas fritas. No podemos dejarlo todo en manos de los lugares de trabajo: necesitamos aprender a autorregularnos, saber a dónde vamos en lugar de dejarnos llevar.

Si el objetivo es satisfacer nuestras necesidades psicológicas, el medio es la autorregulación.

## Los MVP de la autorregulación

La autorregulación es el mecanismo para contrarrestar los detonantes emocionales y las distracciones que suelen socavar las necesidades psicológicas. Necesitamos una autorregulación de alta calidad para que nos ayude a gestionar las experiencias laborales si queremos llegar a tener una actitud motivacional óptima. Existen tres potentes técnicas que mejoran la autorregulación: el mindfulness (o vivir el momento presente), desarrollar valores y fijarse propósitos. Son los MVP de la autorregulación.

### Mindfulness: el primer MVP de la autorregulación

*El mindfulness consiste en advertir, atender y estar en sintonía con lo que ocurre en el momento presente sin juzgarlo ni reaccionar ante ello automáticamente. Es una forma de ser, pero también una habilidad que se desarrolla con práctica y paciencia.*

Yo no tengo lo que se denomina «mindfulness disposicional». Me ha llevado años vivir el momento presente; necesito practicar todos los días. Todos los seres humanos tienen la capacidad de vivir el momento presente, unos más que otros. Mi naturaleza disposicional es juzgar precipitadamente y reaccionar. Me entra un ataque de indignación pretenciosa cuando sé que tengo razón y otra persona está equivocada. Tengo un arrebato de ira cuando algunas personas, empresas o sistemas que considero estúpidos me tratan de forma injusta. En mi caso, cuando no practico el mindfulness, mi respuesta disposicional es extrovertida, directa y belicosa. Siento un arranque de energía «combativa» y me veo despreciando y criticando a la otra persona y quejándome en voz alta. Llego incluso a ser insolente y me meto con su carácter o su comportamiento.

Otros reaccionan inconscientemente de manera distinta. Algunos dejan ir su ira, frustración o engreimiento gritando, despotricando o acosando a los demás, y otros se quedan callados, son pasivoagresivos o evitan a la persona o la situación que parecen ser las responsables del boicoteo a sus necesidades psicológicas.

Cuando no vivimos el momento presente solemos reaccionar según unos patrones conductuales típicos —algunos innatos y otros adquiridos sin saberlo en nuestra experiencia vital— o según las emociones que sentimos de manera incontrolada.

- Nos sentimos presionados o carecemos de control sobre una persona o situación (falta de autonomía)

- Una persona o empresa nos ha decepcionado o traicionado (falta de relación)

- No tenemos la capacidad para gestionar efectivamente a una persona o situación (falta de competencia)

El mindfulness, sin embargo, nos proporciona una visión de la realidad sin los filtros, los pensamientos egoístas y los condicionantes históricos que afectan a nuestra actitud.

Cuando una persona no controla sus reacciones, la falta de mindfulness denota una autorregulación de nivel bajo. El resultado es una de las tres actitudes motivacionales subóptimas:

- *Indiferencia*: Te desentiendes porque estás abrumado sin haberlo elegido conscientemente. Eres incapaz de relacionar la actividad con tus valores o con cualquier cosa significativa.

- *Externa*: Te deleitas en el poder que ejerces, te estimula tu posición por encima de los demás o una recompensa o incentivo externos.

- *Impuesta*: Sientes que no tienes otra opción y que solo hay una forma de gestionar la situación.

Paradójicamente, la energía subóptima puede ser adictiva. Aunque también te dejará extenuado. La adrenalina que genera la indignación pretenciosa, la ira que te hierve la sangre, la emoción de la guerra en una competencia intensa... todo esto puede nutrir a una persona igual que la comida basura. Ya expreses tu energía de manera interna, con una actitud pasiva agresiva o con un silencio indiferente, o de forma externa, con frustración e impaciencia, ten en cuenta lo siguiente: el único camino para mantener la energía negativa es seguir estando enfadado, furioso y decepcionado con la persona o la situación que ha dado lugar a la negatividad. Mantener la energía negativa conlleva alimentarla. Y no es una buena forma de vivir.

Mi recomendación, a medida que explores el mindfulness, es que descubras que la energía de una actitud motivacional subóptima palidece en comparación con la que genera una actitud motivacional óptima.

El mindfulness y el ARC están directamente relacionados. La autorregulación de alta calidad que proviene de vivir el momento presente es determinante para la actitud motivacional de una persona. Kirk Warren Brown, un destacado investigador del mindfulness, afirma que vivir el momento presente está relacionado con una experiencia directa de las necesidades psicológicas. En otras palabras, cuando vivimos el momento presente es casi imposible *no* sentir el ARC. La neurociencia del mindfulness es fascinante. Los escáneres del cerebro demuestran que vivir el momento presente y la experiencia del ARC activan las mismas áreas neuronales. Cuanto más vivas el momento presente, más probable será que satisfagas tus necesidades psicológicas.[8]

Mi colega David Facer y yo hemos sido testigos de primera mano de este hecho en nuestras sesiones de formación de Motivación Óptima. Los participantes identifican una tarea, un objetivo o una situación en la que tienen una actitud motivacional subóptima. Uno de nuestros ayudantes formula las preguntas de la Lista de Necesidades Psicológicas para determinar cómo se experimenta el ARC. Casi todos los participantes que completan la lista aseguran sentir el mismo fenómeno: a mitad de la lista de preguntas, cambia su actitud motivacional. Es increíble verlo. Las preguntas, que se formulan con un tono no amenazador, facilitan que los participantes actúen en modo mindfulness y, de repente, se dan cuenta: *Tengo opciones; Tengo valores relacionados con este objetivo; Tengo la oportunidad de satisfacer mis propósitos en esta situación*. Gracias al mindfulness tenemos más probabilidades de crecer y sentirnos libres.

Existe un espacio entre lo que te ocurre y la forma en cómo reaccionas. Este espacio es vivir el momento presente. Es cuando puedes elegir cómo responder.

Cuando vivimos el momento presente acentuamos la sensación de *autonomía*, porque no está controlada por nuestro propio concepto potencialmente tergiversado y anacrónico, basado en experiencias pasadas. En el estado de mindfulness, es más probable que nos sintamos *relacionados* con los demás porque nos preocupamos verdaderamente del otro sin interpretaciones egoístas ni prejuicios. El mindfulness también mejora la *competencia* porque evita las reacciones viscerales, tenemos más opciones para tomar decisiones correctas, controlarnos y comportarnos en cualquier situación en la que nos encontremos.

Cuando estamos empantanados en una realidad que prejuzgamos, tenemos menos opciones de lidiar con ella.

## Valores: el segundo MVP de la autorregulación

*Los valores son las normas premeditadas y cognitivas de lo que consideramos bueno o malo, lo peor o lo mejor. Los valores son creencias duraderas que hemos elegido como baremos para trabajar y vivir.*

Son esenciales para una autorregulación de alta calidad, aunque muchas personas no hemos analizado los valores que relacionamos con el trabajo. Esto me parece paradójico. Si tomas a cualquier persona de tu oficina y le pides que haga una lista de los valores, los objetivos y la misión de la empresa, lo más probable es que digan cosas muy parecidas. Hoy en día, promover los objetivos y los valores de la empresa es una práctica empresarial aceptada. Es algo bueno. No obstante, no nos podemos quedar aquí. Los individuos deben identificar, desarrollar, aclarar, declarar y poner en práctica sus propios valores y objetivos relacionados con el trabajo, y luego determinar cómo concuerdan con los valores de la empresa.[9]

Los empleados con valores claros tienen más probabilidades de sentir una autorregulación de alta calidad a pesar de las exigencias y los obstáculos inevitables de los lugares de trabajo. Pero precisamente ahí reside el problema. En primer lugar, ¡el empleado *tiene que* haber desarrollado sus valores! Si los valores son mecanismos para cambiar y para tomar buenas decisiones, ¿no deberían los individuos de cualquier empresa aclarar cuáles son sus valores y cómo concuerdan, o no, con los de la organización?

Una de la tesis de este libro es que la motivación no funciona porque *ya* estamos motivados, *siempre* estamos motivados. Lo importante es la *calidad* de la motivación. Y lo mismo se puede aplicar a los valores. Las personas *siempre* actuamos a partir de nuestros valores. Por lo tanto, lo que importa es la *calidad* de los valores.

Merece la pena dedicar tiempo a desarrollar valores para ti y para la gente con la que trabajas. Relacionar estos valores con una tarea, un objetivo o una situación difícil activa el cambio de una actitud motivacional subóptima a una óptima.

Escogemos libremente los valores que queremos desarrollar, comprendiendo cuáles son las consecuencias de las alternativas. Son valores que apreciamos, que queremos cuidar y que influyen en nuestra manera de actuar.

Un aspecto revelador de los valores es que su desarrollo suele ser un proceso consciente que refleja no solo lo que nosotros necesitamos para crecer, sino también lo que necesitan los demás. Actuar según estos valores nos ayuda a satisfacer nuestras necesidades psicológicas.

Para orientar el cambio de actitud de tus empleados, ayúdalos a autorregularse relacionando las tareas, los objetivos y los proyectos con sus propios valores. Para que puedas hacerlo, es necesario que hayan desarrollado previamente sus valores y que te consideren un buen modelo a seguir.

## Propósitos: el tercer MVP de la autorregulación

*El propósito es una razón profunda y significativa para hacer algo. El propósito es actuar con una intención noble, dar a tus acciones un significado social.*

Cuando el asesor y escritor Charles Garfield recorría el puente de San Francisco-Oakland Bay en coche de camino al trabajo, oyó el estruendo de la música que provenía de la cabina de peaje hacia la que se aproximaba. Bajó la ventanilla para pagar y se encontró con el empleado del peaje bailando. «Estoy de fiesta», le explicó. Garfield se alejó del peaje mucho más contento que cualquier otra mañana y se dio cuenta de que acababa de ver a un empleado rindiendo al máximo.

Intrigado, Garfield se interesó por el joven y descubrió que su propósito era convertirse en bailarín. Sus compañeros de trabajo describían las casetas como «ataúdes verticales», pero este joven lo consideraba más bien como un escenario para actuar y, su trabajo, como una oportunidad para bailar. Concibió una filosofía para su trabajo, creó un entorno que respaldara su visión y acabó dando un espectáculo a aquellos para quienes trabajaba.[10] Las investigaciones sobre las personas que rinden al máximo confirman lo que debes sospechar sobre quienes logran niveles altos de éxito y los mantienen de forma duradera. *Las personas que rinden al máximo no buscan objetivos, sino que tienen valores basados e inspirados en un propósito noble.*

El peligro de dejarse llevar por los objetivos es que nos distrae de lo que realmente nos hace bailar. Es más probable que cumplamos o superemos las expectativas si nuestros objetivos forman parte de un propósito significativo. Si, por alguna razón, el empleado bailarín del peaje no cumpliera los objetivos de cobrar las tarifas correctas o evitar atascos en el puente, como director, sabrías cuál es el origen del problema: su posición, sus valores o su propósito laboral no están en sintonía. No obstante, lo más probable es que un empleado que rinde al máximo logre tanto los objetivos que a ti te interesan como aquellos que le importan personalmente.

Los empleados que tienen claros sus valores personales y su visión, y que los han alineado con los de la organización, tienen todos los números para vivir, trabajar e incluso bailar con un propósito.

La mayoría de las empresas tiene una visión, una misión y un propósito declarados, pero pocos empleados han concebido un concepto similar para el papel que ellos desempeñan en la empresa. Es una oportunidad perdida y una lástima. Sin un propósito noble, ¿qué protege a los trabajadores del bombardeo diario de comida basura? Sin una razón o un significado más profundos, ¿por qué privarse de las patatas fritas o esperar la nube de azúcar prometida?

Es importante colaborar con tus empleados para sincronizar la percepción que tienen de su propósito y sus valores con la percepción que tú tienes como líder. Llegad juntos a conclusiones que aúnen tanto sus necesidades como las de la empresa. Actuar según un propósito noble denota una autorregulación de la calidad más alta.

## Caso de estudio motivacional: autorregulación y Mohammedan

Imagina a trescientos representantes farmacéuticos de Oriente Próximo y África compitiendo para ganar un iPad mini. Las reglas son sencillas. Todo el mundo se pone en pie. Tiro una moneda al aire. Antes de que caiga, todos gritan si saldrá cruz o cara. Si te equivocas, te sientas. Si aciertas, te quedas en pie para la siguiente ronda. Se sigue tirando la moneda hasta que solo queda una persona en pie. Es quien gana el iPad mini.

El ganador fue Mohammedan, de Egipto, que estaba tan emocionado por ganar que saltó al escenario para recogerlo. Le dieron un micrófono. Resultó que Mohammedan era representante farmacéutico de día y cantante de noche. Empezó a cantar en árabe.

De golpe, trescientas personas se pusieron en pie para cantar con él: él cantaba un verso y el público le respondía cantando lo mismo. ¡Fue una noche electrizante!

Cuando se sosegaron los ánimos, les expliqué el modelo del Espectro de la Motivación. Analizamos el eje horizontal de las necesidades psicológicas y cómo todos los humanos, sin que importe su cultura, creencia, raza, género o generación, sienten una energía positiva y duradera, vitalidad y una sensación de bienestar cuando sus necesidades de autonomía, relaciones y competencia se satisfacen. Luego examinamos el eje vertical de la autorregulación. Les propuse actividades para poner en práctica los MVP (mindfulness, valores, propósito) y cambiar de una actitud motivacional subóptima a una óptima.

Todo fue según lo previsto hasta que, a última hora del día, el director general de la región se acercó a mí: «Susan, tenemos un problema: Mohammedan ha hecho trampa». «¿Qué quieres decir?» «Siguió participando a pesar de responder incorrectamente. Quiere devolver el iPad. ¿Qué hacemos?» El director general estaba consternado. Pero lo que yo vi fue una oportunidad maravillosa.

Nervioso, Mohammedan estuvo de acuerdo en compartir lo que había aprendido y cómo se sentía. Subió de nuevo al escenario. Había escrito su confesión en una hoja de papel y mientras la leía le temblaban las manos. Se emocionó al explicar que ahora se daba cuenta de que había tenido una actitud motivacional externa en la actividad de cara o cruz. Deseaba profundamente ganar el iPad mini, pero también quería impresionar a sus compañeros y ser la estrella del momento. También se había dado cuenta de que su autorregulación era de baja calidad: no había logrado estar a la altura de los valores de la empresa, ni de los propios, de sinceridad e integridad. Nos contó que había sido una sorpresa para él sentirse tan miserable, a pesar de haber ganado el iPad mini. La razón era que ganar haciendo trampa no había satisfecho sus necesidades psicológicas de autonomía, relaciones y competencia. Quería devolver el iPad para que se lo llevara alguien que lo mereciera más.

Entonces, ocurrió algo increíble. Los trescientos participantes se volvieron a levantar y a animarlo, aunque esta vez por una razón muy diferente. Algunos estaban llorando (yo entre ellos). Mohammedan estaba sintiendo una energía de alta calidad, una vitalidad y un bienestar que provocó un efecto dominó entre el público de la sala. Ese momento fue una demostración sublime de la motivación como habilidad, que además es el tema central del siguiente capítulo.

## Resumen de «El peligro del impulso»

El problema del impulso es que propicia motivaciones externas que minan las necesidades psicológicas de la autonomía, las relaciones y la competencia, lo cual, a su vez, disminuye la calidad y la duración de la motivación. Los factores motivacionales externos tienen formas tangibles como el dinero, los incentivos, un despacho grande o un título, o formas intangibles como la aprobación, la posición, la vergüenza o el miedo. Cuando los empleados se centran en una motivación externa, acaban cayendo bajo su control y, sin darse cuenta, pierden autonomía.

En última instancia, los empleados se sentirán resentidos con los líderes que creen entornos laborales con mucha presión que perjudican la autonomía. Además, considerarán que los directores que solo buscan objetivos lo hacen en su propio beneficio. Y solo los apoyarán de forma condicional: si haces lo que te digo, te recompensaré de alguna forma. El apoyo condicional no genera buenas relaciones.

Querer alcanzar objetivos añadiendo presión y tensión bloquea la creatividad y la capacidad de concentrarse de las personas, además de dejarles con la sensación de que no se adaptan ni gestionan de forma efectiva las circunstancias, lo cual afecta a la competencia.

Pero existe una relación directa entre la autorregulación de alta calidad y la satisfacción de las necesidades psicológicas. Podemos contrarrestar los factores diarios que minan nuestras necesidades psicológicas del ARC poniendo en práctica una autorregulación de alta calidad gracias a los MVP. Esta es la habilidad de la motivación que analizaremos en el capítulo 4.

Cuando los empleados crecen no necesitan un líder que los impulse.

# La motivación es una habilidad

**Hace años conocí al** doctor Edward Deci, investigador destacado y padre reconocido de la motivación intrínseca. Mi intención era saber qué pensaba del modelo y la estructura que David Facer, Drea Zigarmi y yo habíamos desarrollado para enseñar la motivación como una habilidad. Le mostré el modelo del Espectro de la Motivación, y me expliqué con las siguientes palabras: «Imaginamos un mundo laboral completamente nuevo en el que cada individuo acepta su responsabilidad y toma la iniciativa para activar su propia Motivación Óptima. Y, para ello, se requieren tres habilidades: activar tu propia energía positiva, tu vitalidad y tu sensación de bienestar.

- *Identifica tu actitud motivacional actual* reconociendo y comprendiendo tu sensación de bienestar y las razones subyacentes para hacer lo que haces.

- *Adopta (o conserva) una actitud motivacional óptima* usando los MVP de la autorregulación para satisfacer las necesidades psicológicas del ARC.

- *Reflexiona* al ser consciente de la diferencia entre tener una actitud motivacional subóptima y una óptima.»

Después de estudiar el modelo y las tres habilidades, Ed dijo: «Somos compatibles». Animada por su respaldo, continué: «También queremos enseñar a los directores cómo ayudar a sus empleados a utilizar las tres habilidades con conversaciones de actitud motivacional». Hubo una pausa, una larga pausa. Finalmente, Deci añadió: «De acuerdo, pero con una salvedad. Los líderes deben comprender primero cómo hacerlo ellos mismos antes de poder enseñárselo a otros». Movió la cabeza cautelosamente: «¿Te puedes imaginar a un director que odia las evaluaciones de rendimiento pero que dirige una para motivar a sus empleados? No acabaría bien».

Estuve de acuerdo. De modo que, con una misión clara en mente, mis socios y yo nos propusimos enseñar a los *líderes* cómo aplicar la nueva ciencia de la motivación, pero aprendiéndola *ellos mismos primero*. Sin embargo, enseñar esto fue mucho más difícil de lo que pensamos. No porque estuvieran cerrados a nuevas ideas ni porque no estuvieran satisfechos con sus tácticas para motivar a los demás, y sin duda tampoco porque estuvieran satisfechos con los empleados con motivación subóptima o no implicados. *Enseñar a los líderes la ciencia de la motivación es complicado porque creen que su trabajo es motivar a los demás, no a sí mismos.*

Podría tratarse de que algunos líderes quieren control, o sienten que lo necesitan porque son responsables de motivar a los empleados. Otros piensan que no están liderando si no son mandones, si no supervisan todo o dirigen a los demás.

Enseñar a los líderes las habilidades de la motivación es difícil porque están desesperados por encontrar un remedio fácil e inmediato para uno de sus mayores dolores de cabeza: los empleados que no se implican. Los líderes son los responsables de lograr los objetivos de la empresa y de las puntuaciones de implicación de sus empleados. Quieren saber cómo motivar a sus empleados *ahora*. No tienen mucha paciencia para aprender las habilidades de la motivación y, después, ayudar a los demás a que lleven a cabo un cambio motivacional.

## Pon en práctica lo siguiente: selecciona una tarea, un objetivo o una situación difícil

Si tu motivación es baja para aprender las habilidades de la motivación, intenta ponerlas a prueba con una tarea, un objetivo o una situación importante. Haz que el aprendizaje de las tres habilidades sea algo relevante en un aspecto significativo de tu vida personal o profesional.

Mientras leas este capítulo, personaliza el contenido eligiendo una tarea, objetivo o situación que:

- Pospones continuamente, como entregar los informes de gastos, algo que siempre haces tarde.

- Frustra a otras personas porque todavía no te has ocupado de ello, como aprobar un presupuesto.

- Te da miedo, como poner en práctica una gran idea.

- Te absorbe las energías con solo pensarlo, como asistir a reuniones de personal o del comité.

- Si cambiaras de actitud y la consideraras desde una nueva perspectiva, sería significativa y valiosa, como resolver un conflicto con una persona especialmente difícil.

Cuando te centras en un objetivo específico, el aprendizaje es más eficiente. No obstante, estas habilidades no se deben centrar únicamente en el objetivo. Podrás aplicar lo que aprendas siempre que te falte una sensación de bienestar en general, cuando los biorritmos parezcan haber desaparecido o, sencillamente, cuando estés de mal humor.[1]

Para que puedas aplicar lo que vas a aprender personalmente, pondré el ejemplo de las dietas. Dada la cantidad de dinero y los incentivos extravagantes que las organizaciones dedican a promover la salud hoy en día, la pérdida de peso y la comida sana se han convertido en objetivos relevantes en las empresas. Probablemente, en algún momento de la vida, todos hemos tenido como objetivo llevar una buena dieta y comer de forma más saludable. Otra razón importante para utilizar la dieta es la siguiente: la comida basura y la comida sana son algo más que metáforas a mano para analizar las actitudes motivacionales subóptimas y óptimas. Aplicar las habilidades de la motivación puede ser el secreto para dejar de comer nubes de azúcar y patatas fritas, y no solo conceptualmente.

## Activar la Motivación Óptima

Las tres habilidades para aplicar la Motivación Óptima son las siguientes:

1. Identificar tu actual actitud motivacional.

2. Adoptar (o conservar) una actitud motivacional óptima.

3. Reflexionar.

### Habilidad 1: Identificar tu actual actitud motivacional

Elige una de las seis actitudes basándote en tu comprensión intuitiva de cada una de ellas. No juzgues si es buena o mala: solo estás identificando tu actual actitud motivacional.

Mientras pienso en perder 12 kilos en los próximos seis meses, mis actitudes motivacionales pueden ser

- *Indiferente*: no veo valor alguno en perder 12 kilos. Quizá no me guste mi dieta o mi peso, pero no tengo ninguna intención de esforzarme por este objetivo: es demasiado para mí.

- *Externa*: de verdad quiero ganar el premio que ofrece la empresa del seguro médico si logro perder los 12 kilos en los próximos seis meses.

- *Impuesta*: siento una gran presión para perder peso. Mis familiares están preocupados por mi salud y me sentiré culpable si los decepciono.

- *Adaptada*: valoro mi salud, y perder peso es una forma de estar más sano. Me voy a esforzar por perder 12 kilos. Es una elección saludable.

- *Integrada*: uno de los propósitos de mi vida es ser una figura ejemplar para mis hijos y tener la energía necesaria para participar en sus vidas. Perder 12 kilos es una forma de obtener la energía y la vitalidad que necesito para lograr este propósito.

- *Inherente*: estoy entusiasmado con perder peso. Esta dieta nueva parece divertida y emocionante. Me encanta probar cosas nuevas.

Ahora, *para confirmarla*, analiza lo que sustenta la actitud motivacional que has identificado. Para ello, responde a estas preguntas que se refieren al modelo del Espectro de la Motivación que puedes observar al principio del libro:

- ¿Describirías tu satisfacción de las necesidades psicológicas (ARC) como de alta calidad o de baja calidad?

- ¿La calidad de tu autorregulación (el uso de los MVP) en relación con tu objetivo es alta o baja?
- ¿Se satisfacen tus necesidades del ARC?
- ¿Estás usando los MVP para autorregularte?

Para el objetivo de la pérdida de peso, yo respondería con estas consideraciones sobre mis necesidades psicológicas:

- En cuanto me dije que iba a hacer una dieta y que no podría comer todo lo que quisiera, se mermó mi autonomía. ¡Ahora tengo ganas de comer todo aquello que me he prohibido! Como consecuencia, para compensar mi autonomía de calidad baja, como todo lo que se supone que no debo comer. Después, me siento culpable y decepcionada conmigo misma.

- Estoy haciendo esta dieta para tranquilizar al médico y a mi familia. Tengo miedo de decepcionarlos. A veces me doy cuenta de que sus intromisiones me sientan mal. El miedo a no estar a la altura de sus expectativas, la vergüenza potencial y la culpa por comer aquello que no debería, provoca que mis relaciones con el médico, mi familia y conmigo misma se vean afectadas.

- He dejado mi competencia tocada. La presión del médico y de mis familiares pone en evidencia que no confían en que yo me cuide a mí misma. Quizá tienen razón, tal vez no he logrado hacer lo que más me conviene. No las tengo todas conmigo para mantener esta dieta. Siempre que he perdido peso en el pasado, lo he vuelto a recuperar, y a veces con creces.

Estas frases tal vez te suenen familiares si jamás has intentado perder peso. Son un ejemplo de unas necesidades psicológicas de baja calidad. ¡No extraña, por lo tanto, que muchas personas abandonemos las dietas!

Ahora, considera la calidad de tu autorregulación. ¿Cómo puntuarías los MVP? Para el objetivo de perder peso, por ejemplo, yo podría formular estas frases sobre la calidad de mi conciencia, mis valores y mis propósitos:

- No he practicado vivir el momento presente. Cuando como lo que se supone que no debería comer, intento no pensar en ello. Me digo que empezaré de verdad la dieta la semana que viene, después del informe que debo entregar el viernes.

- Nunca he pensado en adaptar mis valores a mis hábitos alimenticios. No he reflexionado sobre por qué este objetivo es significativo o importante. Supongo que es mejor estar delgado que gordo, pero nada más. Aplico mis valores de integridad, lealtad y sinceridad a los informes que redacto en la oficina, pero no comprendo cómo se relacionan con lo que como.

- No he conectado con un propósito declarado que esté relacionado con mi vida o mi trabajo porque no tengo ninguno. ¿Quién tiene tiempo de escribir cuáles son sus propósitos? ¡Estoy muy ocupado viviendo mi vida y manteniendo a mi familia!

En cada una de estas frases, he descrito la baja calidad del ARC y de los MVP, lo cual implica una actitud motivacional *subóptima*. He identificado una actitud motivacional impuesta en las sensaciones de manipulación, resentimiento, miedo y vergüenza.

Después de analizar la calidad de tus necesidades psicológicas y de la autorregulación, ¿a qué conclusiones has llegado sobre tu tarea, tu objetivo o tu situación? ¿Cuál es tu actitud motivacional actual? ¿Es la misma que has identificado intuitivamente al principio de la sección? ¿Estás preparado para la habilidad 2?

## Habilidad 2: Adoptar (o conservar) la actitud motivacional óptima

En la primera habilidad, hemos identificado nuestra actitud motivacional actual, así que ya sabemos dónde estamos. La habilidad 2 implica decidir dónde queremos estar —cuál es la actitud motivacional más adecuada— e implementar una estrategia que nos lleve hasta allí. Para tomar una buena decisión, ten en cuenta las diferencias entre las seis actitudes.

Cada una de ellas tiene sus pros y sus contras, sus oportunidades, sus dificultades e implicaciones más profundas sobre cómo logras tus objetivos y un éxito duradero.

**Adoptar la actitud motivacional indiferente.** Lo bueno de esta actitud es que no debes gastar la energía que no tienes y que no es necesario cambiar nada. Lo malo es que no tienes energía y que nada cambiará.

Si te conformas con no tener una necesidad real de involucrarte o de seguir involucrado con tu objetivo, es que tienes una actitud motivacional indiferente, y dices frases como estas: *No me interesa. No me importa. No me preocupa quién me encarga el trabajo. No tengo la energía necesaria para gestionar este objetivo o esta situación.*

Si, en tu objetivo de aprendizaje, estuvieras en esta actitud motivacional, seguramente estarías leyendo una novela apasionante en lugar de este libro. En el objetivo de perder peso, dirías de boquilla que estás siguiendo una dieta mientras te comes una ración de patatas fritas.

La pregunta esencial es que, si tuvieras la opción, ¿por qué decidirías tener o continuar con una actitud motivacional indiferente? Tienes todo un espectro de posibilidades. ¿Por qué elegir estar en un lugar donde no hay nada que ganar y sí muchas oportunidades que perder?

**Adoptar la actitud motivacional externa.** Promesas y más promesas. Esta actitud consiste en hacer algo por la promesa de una recompensa tangible o intangible. La recompensa tangible es la que pide uno de los personajes de la película *Jerry Maguire*: «¡Dame la pasta!» Puedes sustituir *pasta* por *bonificación, aumento, incentivo, recompensa, despacho con vistas, primer puesto, título impresionante* o *trofeo*. Las recompensas intangibles son la atención, la influencia política, el poder, la posición, la aceptación, el reconocimiento público, el elogio privado o la admiración de los demás.

Por desgracia, la promesa de recompensas externas es la estrategia motivacional habitual en muchas organizaciones, aunque sea cara y no requiera mucho esfuerzo ni creatividad excepto idear el siguiente concurso, el programa de recompensas u obtener dinero. Aquellos que están en lo alto de la jerarquía quizá promuevan esta actitud porque fue su idea y les da los resultados que quieren.

Cuando tienes una actitud motivacional externa, dices frases como las siguientes: *Decido involucrarme porque me permite llevar un cierto estilo de vida. Si hago este trabajo ahora, causará buena impresión en mi currículum. Mis compañeros me respetarán y reconocerán mis méritos. Lo haré, pero voy a necesitar una recompensa económica, un reconocimiento público o un ascenso.*

Es una actitud tentadora: es difícil resistirse a las recompensas externas. Pero sería sensato recordar que la actitud motivacional externa es la comida basura de la motivación y que socava las necesidades psicológicas del ARC. Al principio, puede que sientas un arranque de energía que te lleve a actuar porque sueñas con las recompensas que te han prometido por tus esfuerzos. Pero, ten cuidado: la creatividad, la innovación y la paciencia para lograr la excelencia pueden verse afectadas porque tienes la mira puesta más en el premio que en el objetivo. Por el camino, es posible que obtengas prestigio y reconocimiento. No obstante, quizá luego descubras que esta fama es efímera. Puede que te beneficies de la habilidad que has adquirido para obtener el objetivo, pero también es posible que se vea perjudicada por tomar atajos cuando lo único que quieres es ganar.

Aun así, sigues pensando que no es una actitud tan mala. Ganar es la prueba de que vales algo. El poder significa que tienes influencia para mover cosas. ¿Por qué deberías adoptar otra actitud?

Los costes ocultos y las oportunidades perdidas de esta actitud pocas veces compensan las ganancias a corto plazo.

En el ejemplo de la pérdida de peso, si tuviera que lograr el objetivo para ganar el premio del seguro médico, para impresionar a los demás o con la esperanza de obtener el amor de otra persona, cualquier éxito tendrá una duración corta y será mucho menos satisfactorio de lo que imaginas.[2]

Si ya tienes una actitud motivacional externa, la *pérdida* potencial de creatividad, innovación, calidad, productividad y salud mental y física, así como la carencia en última instancia del ARC, hace que merezca la pena considerar un cambio a una actitud motivacional más óptima.

**Adoptar la actitud motivacional impuesta.** La actitud motivacional impuesta es una de las más perjudiciales de todas las que se basan en comida basura. Solemos pasar mucho tiempo teniendo esta actitud, haciendo tareas o esforzándonos por objetivos porque creemos que *tenemos que* hacerlo o porque queremos evitar las emociones negativas de culpa, vergüenza y miedo.

Cuando tienes esta actitud, dices frases como las siguientes: *Tengo que hacerlo. No estoy obligado a participar, pero me siento culpable si no lo hago. Me avergonzaría no hacerlo. Tengo mucha presión y temo no ser capaz. Debo demostrármelo a mí mismo. Me atormenta decepcionar a los demás. ¡Me atormenta decepcionarme a mí mismo!*

A veces, puedes justificar esta actitud cuando sientes que ceder a las presiones de «hacer lo que te dicen» te da más probabilidades de mantener tu puesto de trabajo. Incluso puedes racionalizarlo convenciéndote de que si tienes miedo de decepcionar a otro es porque te preocupas de él. No obstante, las relaciones van en dos sentidos, ambas personas se preocupan una de la otra sin segundas intenciones. Es una relación pura y sin presión, estrés ni obligación alguna. Por ejemplo, perder peso por miedo a decepcionar a tu mujer es diferente de perder peso como un acto de amor hacia tu mujer. Es una diferencia sutil, pero esencial.

La capacidad de relacionarse no consiste en tranquilizar a alguien, en no tener conflictos o en preocuparte de que rompa la relación si no estás a la altura de sus expectativas.

¿Quién o qué, debes preguntarte, desempeña el papel más importante para que tú tengas una actitud motivacional impuesta? ¿Alguna vez has aceptado asistir a una reunión y luego, cuando se acerca la hora señalada, has pensado: *¡No quiero ir a esta reunión!*? Pero has aceptado la invitación, así que tienes que ir. Te sentirías culpable si no lo hicieras. Temes perder el respeto de alguien que te importa. Te sientes manipulado y presionado. Quizás incluso empieces a sentir resentimiento. Estos pensamientos y emociones afectan a tu autonomía: la percepción de que puedes elegir. Fuiste tú quien aceptó la invitación, junto con la presión para ir y la culpa, la vergüenza y el miedo de, finalmente, no ir.

La paradoja de la actitud motivacional impuesta es que, probablemente, quien impone algo eres tú mismo.

En el ejemplo de la pérdida de peso, la presión, el resentimiento y el miedo al fracaso que describe mi experiencia también describe la actitud motivacional impuesta. Si en tu tarea, objetivo o situación tienes esta actitud, considera seriamente adoptar alguna de las tres siguientes actitudes óptimas.

**Adoptar la actitud motivacional adaptada.** En la actitud motivacional adaptada vas más allá del objetivo para darle sentido a tu vida. Tienes esta actitud cuando lo que haces está relacionado con tus valores. La satisfacción de adaptar los objetivos a tus valores te genera una sensación de bienestar. Cuando logras relacionar tus valores con los que otras personas esperan de ti, es más probable que tus acciones tengan significado.

En la actitud motivacional adaptada te oyes decir frases como las siguientes: *Hago esto de forma voluntaria. Nadie me obliga. Lo he pensado bien, y participar y esforzarme para lograr este objetivo es importante para mí. Es posible que no lo haya elegido yo, pero estoy de acuerdo con ello y me lo apropio. Estoy de acuerdo con la lógica de por qué es importante.*

A pesar de todos los aspectos positivos, esta actitud también tiene un par de elementos que debemos considerar. Por un lado, para adaptarte a los valores, debes haber desarrollado valores tú mismo. Por otro lado, tus acciones pueden parecer egoístas a ojos de los demás si no has declarado tus valores ni aclarado tus intenciones. Aun así, las ventajas pesan más que las desventajas.

Cambiar una actitud motivacional subóptima por una adaptada conlleva beneficios clamorosos. Actuar a partir de los valores que has desarrollado tú mismo demuestra una autorregulación de alta calidad, la cual satisface tus necesidades psicológicas. Cuando tomas decisiones basándote en tus valores, satisfaces la necesidad de autonomía y sientes que tienes control sobre tus acciones. También resuelves la necesidad de relacionarte porque tu objetivo está en armonía con valores generales y tus acciones tienen significado. Por último, dado que centras tu energía de forma creativa y productiva, tu necesidad de competencia se ve colmada.

En el ejemplo de la pérdida de peso, sentiré una mejora auténtica de mi energía, vitalidad y bienestar al cambiar de una actitud motivacional impuesta a una adaptada.

En tu propio ejemplo, conllevará un enriquecimiento en todos los aspectos. Pero hay otras dos opciones por considerar: las actitudes motivacionales integradas e inherentes.

**Adoptar la actitud motivacional integrada.** Cuando tienes esta actitud, los valores que has desarrollado son menos conscientes, más intuitivos. Te identificas con lo que te piden o requieren de ti. Cuando pasas a la acción, lo haces con tu mejor yo. Sientes un nivel alto de implicación. Tu estado emocional es profundamente positivo. Actúas por un propósito noble.

Si tienes la actitud motivacional integrada, te oyes decir frases como las siguientes: *Trabajar en esto es profundamente significativo para mí. Quiero seguir implicado porque concuerda con mis propósitos. Comprendo lo que se pide de mí y se integra en lo que soy. Me permite ser auténtico. Trabajar en esto forma parte de cómo quiero vivir mi vida. Me doy cuenta de que los obstáculos no me hacen descarrilar. Me implico en mi trabajo y en seguir avanzando. El dinero y las recompensas son consecuencias de trabajar para cumplir mis propósitos.*

Si percibes que la actitud motivacional integrada es en gran medida positiva, estás en lo cierto. Tu energía, vitalidad y bienestar son de la mayor calidad cuando actúas desde una posición auténtica, tranquila y con un propósito definido. ¿El punto en contra? ¡Debes tener un propósito!

En mi ejemplo de la pérdida de peso, ser capaz de cambiar de la actitud impuesta a la integrada produce una calidad de energía completamente diferente y una probabilidad mayor de éxito tanto a corto como a largo plazo.

En tu ejemplo personal, si eres capaz de satisfacer plenamente tu propósito con una tarea, objetivo o situación, lo más probable es que tengas una actitud motivacional integrada. Piensa en cómo tu objetivo puede satisfacer un propósito noble. Siempre merece la pena cambiar a este tipo de actitud cuando no sientes una paz interior y una energía positiva.

Con una actitud motivacional integrada, tienes la sensación de paz y todos tus deseos se cumplen en el nivel más profundo.

**Adoptar la actitud motivacional inherente.** Con esta actitud, tienes un interés a menudo inexplicable en lo que haces y lo disfrutas. La tarea, el objetivo o la situación requerirán mucha energía, pero es un buen tipo de energía. A menudo pierdes la noción del tiempo porque disfrutas enormemente.

Con la actitud motivacional inherente, te oyes decir frases como las siguientes: *No sé por qué lo hago. No pienso en ello, sencillamente me gusta. Es divertido. Lo encuentro interesante. Es fácil olvidarme de mí mismo porque trabajar en esto me provoca mucho placer. No pienso en términos de obtener recompensas tangibles o intangibles. Hacer la actividad es en sí misma la recompensa. Aunque sé que forma parte de mi trabajo y que hay dinero de por medio, no lo hago por esta razón. El trabajo consiste en esforzarse y divertirse. Me encanta y me satisface superar obstáculos relacionados con él.*

Para determinar qué actividades te facilitan adoptar esta actitud, piensa en lo que haces cuando tienes tiempo libre. Los adultos nos pasamos casi todas las horas haciendo «negocios», así que es posible que debas recordar cuando eras un niño y tenías mucho más tiempo para actividades recreativas.

Fue revelador pensar de nuevo en lo que me gustaba hacer cuando tenía ocho años. Me pasaba horas diseñando y creando cuadernos de ejercicios, inspirándome en los libros de Big Chief para enseñar a mis hermanos a leer antes de que fueran a la escuela. Hoy en día, las cosas con las que más disfruto son diseñar talleres, enseñar y escribir.

La actitud motivacional inherente es la más naturalmente intrínseca: lo que haces es una recompensa en sí misma y no necesitas ni incentivos ni recompensas.

**Fluir.** ¿Alguna vez te has sentido tan inmerso en una actividad que te has sorprendido al ver cuánto tiempo había pasado? El tiempo había volado sin que fueras consciente.

Al estar inmerso en algo, generas energía y estás concentrado y absorbido por lo que haces. También eres más productivo, creativo y tienes una salud emocional mejor.[3]

Tanto con la actitud integrada como con la inherente es más posible que llegues a este estado de fluir. También se puede dar el caso de que conectes en la actitud adaptada, pero es más probable cuando haces lo que haces de forma intuitiva y dependes menos de los valores y objetivos que has elegido conscientemente.

En la actitud motivacional integrada, cuando encuentras significado en lo que haces y tienes un propósito, es fácil fluir. También *podrías*, o no, llegar a él con la actitud inherente, pero dependerá de la actividad.

**Una desventaja potencial de fluir en la actitud motivacional inherente.** ¿Alguna vez te ha atraído un videojuego? Los videojuegos mejoran tu capacidad de aprendizaje, te dan opciones y satisfacen tu competencia con un reto. Son alimento para fluir. El tiempo vuela.

Cuando finalmente dejas de jugar, ¿cómo te sientes? Si estás relajado y más fresco para dedicarte a actividades y objetivos significativos, ¡es genial! Jugar te ha dado un respiro y los dividendos han sido positivos.

Pero, ¿alguna vez te has sentido culpable por haber dedicado demasiado tiempo a los juegos? Piensa por qué. A veces es más fácil disfrutar de ti mismo que actuar según tus valores e intentar cumplir un propósito noble. Puede que hayas disfrutado jugando, pero, ¿a qué precio?

Si te gusta una actividad por sí sola, tienes una actitud motivacional inherente, y eso es algo maravilloso. Si te encanta una actividad y puedes relacionarla con tus valores y un propósito noble, tienes una actitud motivacional integrada, y *sin duda esto es algo bueno*. El Espectro de la Motivación te proporciona opciones para satisfacer tus necesidades psicológicas y sentir una energía positiva, vitalidad y bienestar.

**La actitud motivacional inherente se sumerge en el modelo del Espectro de la Motivación.** Te habrás dado cuenta de que hay una curva pronunciada en el modelo. La actitud motivacional inherente desciende porque no necesita una autorregulación de calidad alta para hacer lo que nos divierte de forma natural. Pero, solo porque sea divertido no significa que satisfaga las tres necesidades psicológicas, sobre todo la de relacionarse con los demás. (Millones de adolescentes tienen una actitud motivacional inherente y se pasan horas jugando a videojuegos, lo cual pone en riesgo su salud, por no hablar de sus aptitudes sociales.)

Actuar según tus valores y propósito requiere una autorregulación mayor. Resulta que dejar a un lado el juego de utilizar conscientemente tu tiempo y talento para actividades basadas en tus valores genera más bienestar social, físico y psíquico.

Recuerda, el Espectro de la Motivación no es algo continuo: en cualquier momento puedes tener una actitud motivacional y luego cambiar a cualquier otra.

**Elecciones óptimas: adoptar las actitudes motivacionales adaptada, integrada e inherente.** Siempre que estés o cambies a una de las actitudes motivacionales óptimas sentirás un beneficio en términos de energía positiva, salud, creatividad, logros a corto plazo y ganancias a largo plazo. Sin embargo, si somos realistas, nos daremos cuenta de que en la oficina hay pocas oportunidades para sentir una diversión pura y la satisfacción intrínseca que nos proporciona la actitud motivacional inherente. Por esta razón, disponer de otras dos opciones óptimas —la adaptada y la integrada—, que se basan en valores, propósito y significado, es tan importante para la calidad de la motivación en el trabajo.

**Adoptar el cambio.** El objetivo del cambio es satisfacer tus necesidades psicológicas del ARC. El medio para cambiar es la autorregulación. A continuación, te presento algunas sugerencias para llegar a una autorregulación de alta calidad gracias a los MVP (mindfulness, valores y propósito).

- *Practica el mindfulness.* He aquí dos formas de hacerlo:

  - Crea un momento mindfulness. En el instante en que decidas experimentar qué actitud motivacional quieres cambiar, ¡es posible que ya lo hayas hecho! El proceso de identificar tu actitud motivacional actual y considerar si hay otra más adecuada es una forma de vivir el momento presente que puede provocar un cambio automático.

Pero, a menudo, el cambio requiere una deliberación y una elección consciente. En estos casos es cuando necesitas practicar el mindfulness. Donna, una directora de una fábrica de Florida, me contó cómo decidió practicar el mindfulness dedicando unos minutos antes de cada reunión o llamada para analizar cómo se siente, practicar una actitud sin prejuicios y estar abierta a lo que pueda ocurrir. También admitió que, a causa de su personalidad, acentuada por ser una mujer en un mundo de hombres, tenía la reputación de ser intensa, franca y de reacciones rápidas. Donna se explicó: «Me sentí más tranquila, pero no me pareció algo especialmente reseñable hasta dos semanas después de que empezara a dedicar un momento a practicar el mindfulness. Mi hija adolescente, que nunca parecía darse cuenta de nada, ni comentar cambio alguno, a menos que yo hiciera algo que la molestara, me dijo una noche: "Mamá, ¿qué te pasa? Pareces tan diferente... No estás estresada". Me quedé de piedra. Si mi hija se había dado cuenta, es que sí que era importante».

- Usa «El Poder del Por qué». Si te han encargado una tarea que no te interesa en absoluto, que solo haces por dinero o porque estás obligado, pregúntate por qué no quieres hacerla. A cada respuesta que obtengas, formula una nueva pregunta. Preguntar por qué, por qué y por qué te ayuda a eliminar las capas de distracciones y, al final, averiguarás que tienes una elección (autonomía), que puedes encontrar significado o propósito en ella (relaciones) y que puedes aprender y crecer con esta experiencia (competencia). Preguntar por qué nos pone a nuestro alcance el mindfulness para conectar con las necesidades psicológicas que una interpretación subóptima de la tarea ha ocultado.

- *Adáptate a los valores que has desarrollado.* Pregúntate qué es lo que valoras en lugar de qué es lo que vas a obtener de una actitud motivacional subóptima. Si estás a punto de zamparte una bolsa de patatas fritas, pregúntate qué valoras más que las patatas fritas. Por ejemplo, tu salud o tu bienestar. Si estás a punto de enviar un correo electrónico descortés porque alguien ha tomado una decisión con la que no estás de acuerdo, pregúntate qué valoras más: ¿demostrar que tienes razón o colaborar para obtener el mejor resultado posible? Si estás a punto de trabajar hasta última hora de la noche otra vez, pregúntate qué valoras más que el dinero o el poder por el que trabajas, como cenar con la familia o llevar a tus hijos a la cama.

- *Conecta con un propósito noble.* En la introducción de este libro he contado cómo pasé de ser una omnívora amante de la carne a una vegetariana estricta de la noche a la mañana y cómo conseguí que se convirtiera en una actitud duradera. Hace casi treinta años, estaba viendo un nuevo programa televisivo llamado *20/20* que explicaba cómo tratamos a los animales que comemos, y sentí un cambio profundo de mi perspectiva. En ese momento me di cuenta de que no volvería a comer carne. No basé mi decisión en sentimientos de culpa o vergüenza, ni actué movida por preocupaciones sobre mi salud. En aquel momento sentí una necesidad imperiosa de aportar mi granito de arena para que el mundo fuera menos violento, más pacífico, menos duro y más consciente, menos egoísta y más en sintonía con el bienestar de todos en conjunto. Lo que otros describen como ser disciplinado, para mí es actuar según una convicción profunda que proviene de un propósito noble. Pocos sucesos en mi vida son más arrebatadores que tomar decisiones importantes basadas en mi idea del propósito.

En el próximo capítulo te daré ejemplos de cómo puedes usar estas estrategias con las personas que diriges. Pero, por supuesto, ¡lo mejor es practicar contigo mismo primero!

**Cambiar en general.** Hace unos diez años dirigí un breve curso de formación para un reducido grupo de voluntarios que querían probar mis ideas sobre la nueva ciencia de la motivación. Después de explicarles las seis actitudes motivacionales, un joven llamado Mark me pidió que le aclarara algo. «A mi mujer le encanta el día de San Valentín y siempre quiere celebrarlo con una cena romántica, un regalo, flores, bombones... el paquete completo. Pero yo lo odio. Me parece que es una celebración que han creado las cadenas comerciales para vender más. No me gusta nada que me digan que tengo que amar a mi mujer de cierta manera el catorce de febrero. Yo amo a mi mujer durante todo el año. ¿Qué tiene de especial este día? ¿Es este un buen ejemplo de una actitud motivacional impuesta?»

Muchas de las personas en la sala asintieron con la cabeza (la mayoría, hombres). Le pregunté cómo se enfrentaba a esta situación. «Pues sigo la corriente», respondió. Le pregunté por qué. «Porque me da miedo lo que pueda ocurrir el resto del año si no lo hago.» Todos nos reímos, pero era un comentario revelador. Mark estaba motivado para celebrar el día de San Valentín pero, recuerda, una persona siempre está motivada. La verdadera cuestión era *por qué* estaba motivado. Era obvio que afectaba negativamente a su energía. Mark celebraba el día de San Valentín con una actitud motivacional impuesta. Y no lo sé con seguridad, pero no me extrañaría que su mujer lo sintiera.

Le hice una pregunta: «¿Amas lo suficiente a tu mujer para amarla como ella quiere el catorce de febrero?» No era necesario que a Mark le gustara el día de San Valentín. Lo que debía hacer era valorar el amor que sentía por su mujer. Después, podría relacionar este amor con la tarea de celebrar el día de San Valentín. Mark «lo pilló» y dijo que haría precisamente eso.

Hagamos ahora un salto de diez años. Estoy en un congreso y, a la hora del desayuno, me siento junto a Mark. «¡Oh, Mark! Voy a hablar de motivación dentro de un rato y tengo pensado explicar tu historia del día de San Valentín. La llevo contando desde hace años como un ejemplo paradigmático de la actitud motivacional impuesta, pero nunca lo he hecho contigo en la sala. ¿Te incomoda que la comparta con los demás hoy?» Mark me miró estupefacto. «Susan, no tengo ni idea de lo que me estás hablando.»

Le recordé el curso de diez años atrás, cómo se sentía sobre el día de San Valentín y su compromiso de amar a su mujer lo suficiente para celebrarlo. No lo recordaba en absoluto. A mí se me cayó el alma al suelo. La integridad es uno de mis valores básicos y me niego a explicar historias inventadas en mis cursos. Mark comprendió mi pesar y me consoló diciendo que tenía una memoria muy mala. Puesto que era una buena historia, me dio permiso para contarla. Yo dudé al principio, pero luego le tomé la palabra.

Un par de horas después estaba contando la historia de Mark. Comuniqué al grupo que Mark estaba en la sala. Llegué a la parte en la que Mark hace un cambio para centrarse en el amor a su mujer en lugar de en su odio al día de San Valentín cuando, de repente, Mark gritó: «¡Susan, lo recuerdo!»

Todos se volvieron para mirarlo. Explicó lo que habíamos hablado en el desayuno y que me había dado permiso para contar la historia, aunque él no la recordara. Después añadió: «Ahora recuerdo que Susan me ayudó a cambiar mi mentalidad sobre el día de San Valentín. Consideré que era una cuestión importante y, de hecho, llegó a ser divertida. Nos lo pasamos tan bien mi mujer y yo que lo establecimos como un ritual anual. Con los años, los hemos extendido a un fin de semana de San Valentín. Les pedimos a los abuelos que se ocupen de los niños, y nos vamos a algún lugar romántico para pasar un maravilloso fin de semana juntos. Se ha convertido en una parte tan esencial de lo que somos como pareja que había olvidado completamente que una vez odié el día de San Valentín. Susan, ¿significa esto que ahora tengo una actitud motivacional integrada?»

Fue uno de esos momentos inigualables para un conferenciante, cuando todo lo que has preparado se va al traste y aparece algo mucho mejor que no podías haber imaginado. Por supuesto, Mark tenía razón. Sus primeros esfuerzos para celebrar el día de San Valentín habían sido conscientes y meticulosos, basados en los valores que había desarrollado. Claramente, al principio cambió de la actitud motivacional impuesta a la adaptada. Pero los años de práctica con su mujer le habían hecho adoptar una actitud motivacional integrada en el fin de semana de San Valentín.

Cuando llegaba el día de celebrar este fin de semana tan especial, la mujer de Mark tenía la actitud motivacional inherente, porque a ella siempre le había encantado celebrar el día de San Valentín. Mark ahora compartía su pasión y lo disfrutaba con ella, pero su actitud era integrada porque nunca había tenido un afecto intrínseco por aquella celebración. Con el tiempo, al actuar según sus valores, la celebración se había integrado en su vida.

Se llega a adoptar la actitud motivacional integrada gracias a las decisiones que tomas basándote en tus valores o en un propósito que se ha convertido en algo instintivo. La actividad se convierte en algo con lo que te identificas y que es parte de tu razón de ser.

## Habilidad 3: Reflexionar

Para reflexionar, empieza por preguntarte cómo te sientes después de adoptar otra actitud. Los sentimientos son el camino para comprender tu bienestar. Y reconocer tu bienestar es la base para mantener una actitud motivacional óptima.

*Reflexionar puede ser un reto difícil si eres un líder que cree que en su entorno laboral no hay espacio para los sentimientos.* Pero la cuestión es la siguiente: quieras o no quieras, tienes sentimientos. Con el proceso de valoración que he descrito en el capítulo 1, llegas a conclusiones sobre tu lugar en el mundo gracias a medios tanto cognitivos como afectivos, es decir, gracias a pensamientos y emociones. Las investigaciones demuestran que los sentimientos que provienen de las emociones son, de lejos, las influencias más importantes para que una experiencia genere una sensación de bienestar o no. Y, recuerda, el bienestar provoca que nuestras intenciones sean positivas y, en última instancia, que nuestra conducta sea positiva.[4]

**El bienestar es básico para la actitud motivacional.** Es posible que quieras saber qué estás buscando cuando analizas tu sensación de bienestar. Un bienestar positivo tiene las características que conforman la lista abajo citada. Una falta de bienestar es justo lo contrario de estas características.[5]

- La presencia de energía positiva.

- La sensación de una armonía física y emocional.

- La calma que da tener unas relaciones personales seguras y comprensivas.

- Poca o nula energía negativa, estrés o ansiedad.

- La sensación de estar aprendiendo continuamente, de crecer personalmente y lograr tus objetivos.

- La sensación de que tu trabajo contribuye a un objetivo social significativo.

Antes de que desdeñes el bienestar como algo demasiado «etéreo», ten en cuenta la perspectiva de Dirk Veldhort, director de salud corporativa de la multinacional AkzoNobel, cuyas oficinas centrales están en Ámsterdam. Cuando le pregunté qué lo mantenía despierto por las noches, respondió: «La salud y el bienestar de cincuenta y cinco mil personas en todo el mundo». Cuando le pregunté por qué era tan importante, Dirk no tuvo ninguna duda: «El bienestar es un medio para llegar a un fin. Con él puedes crear valor para ti mismo y para tu empresa. Sin él, la productividad a corto plazo es menos probable y el crecimiento a largo plazo es casi imposible».

Dirk ha supervisado la recuperación de cientos, si no miles, de empleados —muchos de ellos ejecutivos— que se habían derrumbado después de trabajar durante demasiadas horas o alimentarse con demasiada comida basura mientras se esforzaban por conseguir objetivos externos. Pero nos recuerda lo siguiente: «Incluso los líderes apasionados se exigen tanto que acaban perjudicándose a sí mismos y, en última instancia, a aquellos que dirigen, porque no prestan atención a su propio bienestar. Te felicito por el trabajo que estás haciendo en este campo. El bienestar no es algo etéreo, sino que es esencial para la calidad profesional y personal de nuestra vida y para poder rendir a lo largo del tiempo».

¿Cómo prestas atención a tu bienestar? Lo mejor que puedes hacer es comprender tus emociones y tu estado de ánimo. Muchos líderes no saben nada de sus emociones e intentan ignorar su estado de ánimo, sobre todo en la oficina. Paradójicamente, cuanto más te desentiendes de las emociones, más controlan tu conducta. No tenerlas en consideración te limita a patrones de conducta disfuncionales y no te ayuda en absoluto a adaptarte a las necesidades del momento.

Si quieres convertirte en un experto para gestionar tus procesos de valoración —y ayudar a los demás a que hagan lo mismo—, debes ser un experto reflexionando: reconociendo, prestando atención, identificando y aceptando tus sentimientos.[6]

**Cuando piensas en tu objetivo, ¿tienes la sensación de un bienestar positivo?** Si mi objetivo de ejemplo es perder doce kilos en los próximos seis meses, es necesario reflexionar preguntándose: ¿Cómo me hace sentir? ¿Qué sensaciones físicas tengo cuando reflexiono sobre el objetivo de perder doce kilos? Pensar en ello me produce un tic en el ojo, me retuerce el estómago o me hace rechinar los dientes. Puede que me entre sueño o amodorramiento. Al reconocer mis sensaciones físicas, me doy cuenta de cuál es mi opinión, juicio o interpretación de ellas, si siento miedo, desánimo, resentimiento o tristeza. Cualquier emoción desagradable perjudicará mi bienestar positivo.

Por descontado, cuando pienso en perder doce kilos en los próximos seis meses puedo sentir mariposas en el estómago, satisfacción o un arranque de energía que denote anticipación, calma o entusiasmo. Es posible interpretar estas sensaciones físicas como emoción, predisposición y confianza. Después de este proceso de valoración, puedo concluir que estoy sintiendo un bienestar positivo.

Es un fenómeno interesante que merece la pena resaltar. Para el mismo objetivo, puedes sentir tanto un bienestar positivo como una falta de él. Por ejemplo, sentiré un bienestar positivo al pensar que perder peso me proporcionará más energía, pero me deprimirá saber que conllevará mucho tiempo. La belleza de comprender tu bienestar es que, si aún no has adoptado una actitud motivacional óptima, puedes utilizar el poder de la energía positiva para superar las sensaciones negativas.

Si empleas las dos primeras habilidades para cambiar de actitud con éxito, la tercera te ayudará a mantener la actitud motivacional. Si todavía tienes una actitud subóptima, la reflexión sobre tu situación te dará una nueva oportunidad para cambiar. Sea como sea, pregúntate cómo te hace sentir el objetivo de ejemplo que has escogido. ¿Tienes una sensación positiva de bienestar o no?

Un cliente europeo me contó lo siguiente: «La Motivación Óptima era como una bomba de relojería. Estaba sentado en mi despacho pensando con temor en una reunión que iba a empezar en diez minutos. Mientras reflexionaba sobre cómo me sentía, recordé tu curso de formación. Me di cuenta de que tenía una actitud motivacional impuesta. Podía escoger seguir allí, sintiéndome miserable, quejándome y perder el tiempo en la reunión, o podía cambiar. Decidí cambiar. Fue mi momento motivacional eureka».

El cambio a una actitud motivacional óptima puede ocurrir de la noche a la mañana o evolucionar a medida que vives tu vida. De cualquier forma, el cambio es el resultado de reflexionar sobre el momento presente y darte cuenta de que tienes opciones.

Reflexionar sobre una actitud subóptima puede ayudarte a cambiar a una actitud óptima. Observa, por ejemplo, qué débil te sientes por falta de energía cuando tu actitud es indiferente. Date cuenta de que la energía que has activado por la emoción de una actitud motivacional externa se desvanece cuando desaparece el estímulo. O cómo la energía que provocan la culpa, la vergüenza, la obligación, la decepción, el resentimiento o la ira de una actitud motivacional impuesta exige más energía para seguir alimentando estas emociones negativas.

En cambio, si has adoptado una actitud motivacional óptima, reflexionar te ayuda a apreciar la calidad de la energía que generan los valores significativos de una actitud adaptada. Serás más consciente de la energía de alta calidad que produce una actitud integrada cuando llevas a cabo un propósito noble y profundo para ti. Reflexionar te recordará que debes agradecer la energía positiva y duradera de una actitud motivacional inherente cuando haces algo que disfrutas de forma natural. En definitiva, reflexionar acentúa tu experiencia del ARC.

Cuando adoptas o mantienes una actitud óptima ocurren buenas cosas. Dedica tiempo a reflexionar sobre ellas. Son las que te hacen volver a por más.

## Caso de estudio motivacional: Líder, cúrate a ti mismo

Elaine Brink es la vicepresidenta sénior de ventas de zona de Express Employment Professionals. Cuando asistió al curso de Motivación Óptima, su intención era aprender a motivar al personal y dueños de franquicias de una de las agencias de selección de personal más exitosas del país. Además de aprender que motivar a las personas no funciona, adquirió muchos otros conocimientos que no esperaba.

«Nos pidieron que aprendiéramos a activar la Motivación Óptima en nosotros mismos antes de intentar aplicarla en los demás», explicó Elaine. «Al principio me costó porque pensé: "A mí no me hace falta esto. Yo ya estoy bien".» Como parte de la formación, Elaine decidió trabajar en un encargo que consistía en planificar y gestionar un evento importante que iba a tener lugar fuera de Estados Unidos.

### Habilidad 1: Identifica tu actitud motivacional actual

Al poner en práctica esta primera habilidad, Elaine se dio cuenta de que su sensación de bienestar se veía perjudicada al pensar en este evento. Se describió a sí misma como un tipo de persona con mucha energía, lógica y decidida: «Hacía el trabajo que tenía que hacer, pero con tensión durante todo el proceso».

Rápidamente, fue obvio para Elaine que tenía una actitud motivacional impuesta: le carcomía el hecho de que tenía unos plazos totalmente irrazonables en los que no había tenido nada que decir. Fue entonces cuando le inundó una ola de emoción. De repente, sintió que su actitud negativa estaba afectando a todo su equipo, no solo a las personas que necesitaba para organizar el evento, sino también las personas a las que quería. «Todo lo que tocaba quedaba manchado por esta actitud motivacional subóptima.»

## Habilidad 2: Adoptar (o mantener) una actitud motivacional subóptima

Cuando Elaine llegó a la segunda habilidad, pudo cambiar su actitud motivacional impuesta por una adaptada al concordar sus objetivos con los valores que había desarrollado. «No me había parado a pensar en lo importante que era este evento para la empresa, lo mucho que debía valorar que hubieran confiado en mí para encargarme de él, o lo agradecida que debía estar por tener la capacidad y la experiencia para poder llevarlo a cabo. Por primera vez, lo vi como una oportunidad de mejora para los miembros de mi equipo. Estaba en una posición en la que les podía ayudar a adquirir habilidades y experiencias que serían útiles tanto para ellos como para la empresa. También me di cuenta de que fui yo quien aceptó la oferta de encargarme del evento: podría haber dicho que no, pero no lo hice.»

## Habilidad 3: Reflexionar

Elaine manifestó: «Sentí un cambio inmediato en mis niveles de energía. Sabía que podía mantener esta sensación positiva de bienestar, incluso durante momentos difíciles, gracias a la profundidad de la conexión emocional con mis valores».

Elaine siguió reflexionando sobre esta experiencia de cambio: «Ahora tengo un patrón para comprender mis sensaciones de bienestar y conductas de liderazgo, y cambiar o mantener una actitud motivacional óptima. También soy mucho más consciente de que a veces impongo objetivos y plazos a los demás. Me pregunto por qué los líderes hacen esto. Mi gran momento eureka fue que en determinadas ocasiones los líderes delegamos objetivos y plazos a otros basándonos únicamente en nuestro entusiasmo, valores o propósito sin dedicar tiempo a comprender cómo los demás deben llevar a cabo estas ideas».

## Resumen de «La motivación es una habilidad»

Las tres habilidades de la motivación parecen sencillas: identificar tu actitud motivacional actual, adoptar o mantener una actitud motivacional óptima y reflexionar sobre tu energía, vitalidad y sensación de bienestar. Puede que las habilidades sean sencillas, pero los resultados son profundos.

Miles de estudios dedicados a la comprensión de la motivación y el crecimiento humano señalan que hay beneficios sorprendentes, como una mejor salud mental y física, cuando tenemos una experiencia motivacional óptima. Específicamente, trabajar con una actitud óptima, en lugar de una actitud subóptima, genera resultados empresariales significativos.[7] Los empleados

- Son más productivos.
- Son más creativos.
- Generan más ventas.

- Están más implicados y satisfechos con su trabajo.

- Es más probable que se los tenga en cuenta o que efectivamente consigan un ascenso.

Podrás disfrutar de estos beneficios tanto si te aplicas a ti mismo las tres habilidades de la motivación como si ayudas a un empleado a que lo haga, que es precisamente lo que vamos a explicar en el capítulo 5.

# Lograr el cambio

**Una compañera mía dirigía** un equipo de alta tecnología. Molesta, me comentó que había intentado motivar a uno de los miembros que trabaja desde casa. El equipo estaba creciendo, el espacio en la oficina escaseaba y uno de los pocos despachos con cuatro paredes y una puerta era el de este empleado. La directora le preguntó si aceptaría dejar este despacho que utilizaba tan poco a otro miembro del equipo, que se beneficiaría de más espacio y privacidad. El cargo de este segundo empleado le obligaba a ir a la oficina cada día, y trabajar en un cubículo no ayudaba a mejorar su productividad.

Mi compañera no quería «desmotivar» al primer empleado al pedirle que prescindiera del despacho, pero pensó que era una petición razonable, puesto que normalmente trabajaba desde casa. No obstante, la respuesta fue una negativa implacable e inesperada. Es interesante resaltar que, al negarse, admitió que no era algo de lo que se sintiera orgulloso y que no le hacía sentir bien. Pero se justificó asegurando que se había ganado ese espacio y que era importante para su identidad, su rango y posición en el equipo.

A la directora le decepcionó la respuesta y se culpó a sí misma. Recientemente, había oído que a los empleados les motivaba el «estatus», y había cometido el error de intentar arrebatarle este símbolo de estatus.[1] Así que desechó la idea, y el otro miembro del equipo siguió trabajando en unas condiciones muy por debajo de las óptimas.

Fue una oportunidad perdida. La directora no había logrado motivar al primer miembro del equipo, pero podría haber previsto una conversación sobre actitud motivacional para ayudarle a entender sus propios sentimientos y valores respecto a la situación.

*Una conversación sobre la actitud motivacional es una oportunidad formal o informal para facilitar que una persona cambie a una actitud motivacional óptima.* En aras de la brevedad, me referiré a ellas como «conversaciones de actitud».

## ¿Cuándo deberías tener una conversación de actitud?

No puedo asegurar que la directora habría obtenido un resultado distinto si hubiera entablado una conversación de actitud, pero estoy segura de que el miembro del equipo habría tenido una buena oportunidad para analizar sus valores y tomar una posición que le habría hecho sentir mejor (y, probablemente, también al resto del equipo).

En última instancia, el cambio depende de cómo un individuo interioriza la situación y las opciones que hay. Motivar a las personas no funciona porque no puedes controlar el proceso de interiorización de otra persona.[2] Si lo intentas, el resultado más probable es una actitud motivacional impuesta. La conversación de actitud no garantiza un cambio a una actitud óptima pero, al menos, ofrece una oportunidad para crecer y comprender.

Sin un control real de que un empleado cambie de una actitud subóptima a una óptima (o que llegue a mantenerla), puede que te preguntes: ¿Por qué preocuparse? Es una pregunta válida y legítima.

*Una conversación de actitud puede ser adecuada cuando una situación afecta negativamente a un individuo, o cuando la actitud de este individuo afecta al equipo o la empresa.* Por ejemplo, las conversaciones de actitud merecen la pena cuando una persona

- Se salta plazos y produce consecuencias negativas a los demás.
- Rinde por debajo de lo esperado en objetivos o proyectos importantes.
- No parece estar a la altura de su potencial en el cargo.
- Suele estar de un mal humor que se contagia en la oficina.
- No toma la iniciativa en circunstancias en las que es necesario hacerlo.
- Expresa emociones que están fuera de lugar o que parecen desproporcionadas para la situación.
- Merma la energía positiva de los demás.
- Rechaza los intentos de ayudarla.
- Se pone a la defensiva fácilmente o muy a menudo.
- Tiene unos valores que no parecen concordar con los valores y propósitos de la empresa.
- Ignora cuestiones de salud o de seguridad (tanto de ella misma como de los demás).

Es posible, también, que debas tener una conversación de actitud con algún empleado por tus propias razones o por una cuestión que te atañe personalmente. Por ejemplo, una conversación de actitud puede ser necesaria cuando

- Piensas que un individuo necesita ayuda o quieres ofrecerle apoyo.

- Ves un potencial sin explotar y quieres activar el crecimiento de un empleado.

- Pasas la noche en vela pensando en una situación determinada.

- Estás frustrado porque nada de lo que dices o haces para mejorar la situación tiene efecto alguno.

- Te enfadas cuando piensas en esta situación.

- Tienes miedo o dudas de cómo gestionarla.

- Sientes tensión, estrés o impaciencia cuando piensas en ella.

- Sientes que te quedas sin fuerzas con solo pensar en afrontarla.

Cuando pienso en la ansiedad que tenía mi compañera por la cuestión de su oficina, creo que una conversación de actitud habría contribuido a mejorar la situación. No obstante, como líder, debes determinar si tienes la voluntad y la capacidad para dedicar el tiempo y el esfuerzo emocional que requiere una conversación de actitud. ¿Merece la pena el esfuerzo para ti y para el empleado?

## Conversaciones de actitud: lo que no funciona

Aquellas conversaciones de actitud que yo he tenido, y que no lograron éxito alguno, fueron el resultado de tres cuestiones específicas «que no deben hacerse». Espero que aprendas lo que tienes que evitar gracias a mis experiencias frustradas. Afortunadamente, no provoqué un daño irreparable en unas personas que ya tenían una actitud subóptima. Pero, sin duda, fueron oportunidades perdidas. Para tener una conversación de actitud satisfactoria —tanto para ti como para la persona que debe beneficiarse de ella— tienes que evitar tres errores comunes:

- No intentes resolver el problema.
- No impongas tus valores.
- No esperes cambio alguno.

## No intentes resolver el problema

Muérdete la lengua. Olvídate de «Yo ya he estado donde tú estás y sé cómo resolver tu problema». Tendrás la tentación de compartir tus conocimientos, pero no confundas una conversación de actitud con una reunión para resolver problemas.

*Cuando alguien tiene una actitud motivacional subóptima, es casi imposible que pueda dedicarse a resolver problemas, y mucho menos a llegar a conclusiones potenciales. Facilita el cambio a una actitud motivacional óptima antes de buscar la solución del problema y planificar las acciones que se deben llevar a cabo.*

## No impongas tus valores

No permitas que las buenas intenciones sean un obstáculo para los resultados que quieres. Uno de los mayores errores que puede cometer un líder es dar por supuesto que la otra persona tiene o aprecia los mismos valores que él.

A pesar de tus buenas intenciones, imponer tus valores suele provocar una actitud motivacional impuesta.

## No esperes un cambio

Evita «inducir las respuestas que quieres». Relájate, toma conciencia y deja que la conversación siga su curso. La conversación de actitud no es sobre ti ni tu ego. Debes aceptar que una persona no cambie durante la conversación que tengáis. El cambio puede ser una «bomba de relojería» que se activa cuando la persona en cuestión está preparada.

Tú comprenderás mejor la situación pero, recuerda: el objetivo de una conversación de actitud es guiar a un individuo para que comprenda por sí mismo sus opciones motivacionales y cambie, si es que así lo decide.

# Conversaciones motivacionales: lo que sí funciona

Sé paciente. Sigue los pasos del proceso. Y sé sensible a lo que ocurre en la conversación. Será menos probable que quieras resolver problemas, imponer tus valores o tener expectativas si sigues estos tres pasos:

- Prepárate.
- Confía en el proceso.
- Reflexiona y concluye.

## Prepárate

Cuando pregunto a un líder qué se necesita para preparar una conversación de actitud, normalmente me responde con acciones que han demostrado su validez: aclarar la cuestión, reflexionar lo que va a decir, comprobar los hechos, identificar conductas o ejemplos específicos como pruebas del problema, etc. Sin embargo, casi siempre deja de lado un aspecto esencial de la preparación: cambiar su propia actitud motivacional.

Seguramente, prepararte es la acción más importante para que una conversación de actitud sea efectiva. Antes de entablar cualquier conversación de este tipo, analiza cuál es tu actitud motivacional.

Una conversación de actitud requiere un esfuerzo continuo. Debes ser consciente de los valores que demuestras como líder y ser meticuloso. Pero esto no significa que debas ser dogmático, inflexible ni poco razonable cuando en la conversación surjan valores diferentes a los tuyos. Significa que estás en una posición en la que puedes comparar y contrastar ideas diferentes para beneficiar a la persona y a la situación que te preocupa.

Es probable que seas consciente de que tus valores influyen en tu forma de liderar. No obstante, lo que puede ser más revelador es en qué medida tus valores —y, especialmente, la *percepción* que tienen de tus valores los demás— influyen en la calidad de su motivación. Las investigaciones demuestran que la implicación de un empleado con su líder y con su empresa está configurada profundamente por su percepción de lo que valora el líder.[3]

Para prepararte, examina tu sensación de bienestar en relación con la conversación que tienes por delante. Identifica tu actitud motivacional del momento y, si es necesario, escoge una actitud más adecuada o preferible. Después, adopta la actitud motivacional relacionando tus valores con la conversación, o piensa en cómo vas a mantener una actitud óptima. Porque si no has adoptado una nueva actitud motivacional, ¿cómo vas a ayudar a alguien a que lo haga?

El cambio de actitud motivacional para la conversación te permitirá dar a tus empleados un regalo generoso: tu atención del momento presente y sin prejuicios.

## Confía en el proceso

Como orientación, sigue las tres habilidades para activar la Motivación Óptima. Pero recuerda esta advertencia: si no puedes prácticar tú mismo las tres habilidades para activarla, es poco probable que tengas éxito con los demás.

- *Enséñale la habilidad 1: Identifica la actitud motivacional actual de la persona en cuestión. Obtén su permiso para analizar cuáles son sus sentimientos respecto a su tarea, objetivo o situación.*

  - ¿Tiene una sensación positiva de bienestar o no? Fíjate en las pistas que da por su forma de hablar y observa su lenguaje no verbal. (¿Utiliza frases como «Tengo que» o «Estoy obligado a»? ¿Da la impresión de estar derrotado, desafiante y defensivo, o inspirado y alegre?)

  - ¿La calidad de sus necesidades psicológicas es alta o baja? (¿Siente que tiene control sobre sí mismo y que tiene opciones? ¿Se siente respaldado y con un propósito respecto a la situación? ¿Tiene la capacidad para hacer frente a las dificultades de la situación?)

  - ¿La calidad de su autorregulación es alta o baja? (¿Toma conciencia de la situación? ¿Toma decisiones basadas en sus valores o relaciona la situación con un propósito más profundo?)

  - ¿Tiene una actitud motivacional subóptima (indiferente, externa o impuesta) u óptima (adaptada, integrada o inherente)?

- *Enséñale la habilidad 2: Adopta (o mantén) una actitud motivacional óptima.* Tal vez la forma más sencilla para que un individuo aprecie sus opciones es explicarle el Espectro de la Motivación y analizar las ventajas y desventajas potenciales de adoptar una actitud motivacional óptima.

El cambio de actitud es más probable si tiene una autorregulación de calidad alta. Como líder, puedes ayudarle en este proceso gracias a los MVP:

- Ayúdale a practicar vivir el momento presente. En primer lugar, pídele permiso para aplicar el poder de la técnica del Por qué. Después, mientras habláis sobre la situación, hazle una serie de preguntas como, por ejemplo: ¿Por qué es importante para ti? ¿Por qué crees que es verdad para ti? La pregunta de por qué ayuda a los individuos a procesar su situación a un nivel más profundo, superando las capas de distracciones que impiden que la conciencia conecte con sus necesidades psicológicas.

- Ayúdale a adaptar la situación a los valores de su lugar de trabajo. Si no lo has podido hacer en sesiones previas, ayúdale a que desarrolle estos valores. Hazle preguntas abiertas, para que pueda sacar a la luz sus sentimientos y emociones. En último término, la pregunta que quieres hacerle es: ¿Ves alguna concordancia entre tus valores y esta situación?

- Ayúdale a relacionar la situación con un propósito noble. Igual que con los valores, si un individuo no tiene una noción de propósito, ¿cómo contribuye a lograr un bien mayor, que vaya más allá de él mismo? Si no tiene claro ningún propósito, es un buen momento para hablar de ello. Es poco probable que alguien tenga una actitud motivacional integrada sin sentir una razón profunda y general que dé significado al contexto laboral y vital.

- *Enséñale la habilidad 3: Reflexionar.* Invítale a reflexionar sobre la conversación de actitud. ¿Qué le ha sido de ayuda, qué ha sido raro, difícil o ilustrador? Si ha adoptado una actitud motivacional óptima, pregúntale cómo se siente. ¿Qué es diferente y por qué? Si no ha habido cambio alguno y sigue con una actitud subóptima, pregúntale cómo se siente. Escucha sin juzgar. Practica el mindfulness.

«Confía en el proceso» puede sonar como algo manido, pero es verdad. En el fondo, todos quieren tener una Motivación Óptima. Tienden naturalmente hacia lo que es mejor para ellos y para los demás cuando usan las tres habilidades para activar la Motivación Óptima de una manera auténtica y, no nos da miedo decirlo, amorosa.

## Concluye

¿Cuándo das por concluida una conversación de actitud? Si prestas atención, te darás cuenta de cuándo empieza a mermar la energía emocional necesaria para seguir analizando, examinando o cambiando de actitud. Si no dependes de resultados o expectativas, serás más consciente de lo que siente el empleado en ese momento. Debes saber cuándo es suficiente (¡tanto para él como para ti!). A veces, tal vez sea necesario decir: «Creo que mereces más atención y energía de la que te puedo dar ahora. ¿Estás dispuesto a que tengamos otra reunión?»

Cuando acabes la conversación, intenta que el empleado se comprometa a seguir con la actitud motivacional que ha escogido o a continuar con el análisis, la identificación y la elección de una actitud determinada.

Háblale sobre cómo puede poner en práctica una autorregulación de alta calidad y satisfacer sus necesidades psicológicas. Organiza conversaciones de mantenimiento.

Si el individuo decide tener futuras conversaciones de actitud, es una muestra de su autonomía. El hecho de que le apoyes mejora su sensación de tener relaciones profundas. Y utilizar las tres habilidades para ayudarle a adoptar una actitud motivacional en el momento en que lo decida refuerza su noción de competencia.

Después de dar por concluida la conversación de actitud, es importante que reflexiones. ¿Cómo te ha hecho sentir? ¿Tienes una sensación de bienestar o no? ¿Por qué? ¿Qué ha representado un reto para ti? ¿Has tenido que morderte la lengua para evitar ponerte a resolver el problema? ¿Por qué? ¿Cómo has conseguido hacerlo? ¿Te has basado en tus valores para centrarte en las necesidades del empleado y no en las tuyas? ¿Has sido capaz de practicar el mindfulness?

El autoanálisis reflexivo es una oportunidad de oro para crecer como líder. Cuando nos ofrecemos a ayudar a alguien con una conversación de actitud es fascinante comprobar lo mucho que aprendemos de nosotros.

## El cambio radical de la conversación de actitud de Blair

Blair es la jefa de ventas del departamento de lujo de una popular cadena de grandes almacenes. Y también es mi sobrina. Una noche Blair se disculpó en medio de la cena y atendió una llamada del jefe de su departamento para hablar sobre su intención de abrirle un expediente disciplinario a Randy, uno de los mejores vendedores. Cuando volvió a sentarse con nosotros, estaba claramente contrariada. Nos contó que una relación que antaño había sido muy enriquecedora ahora se había deteriorado.

Les había dado instrucciones precisas a sus empleados para que promocionaran unas rebajas con llamadas telefónicas y correos electrónicos a sus clientes habituales. Cuando Blair habló con Randy, este no había hecho llamada alguna. Le pregunté cómo había enfocado la conversación, puesto que conoce los principios de este libro. «Hice lo que siempre recomiendas. Tuve una conversación de actitud con Randy. Le pregunté por qué no había hecho ninguna llamada. Me contestó que odiaba hacer llamadas, que no podía encontrar un lugar tranquilo desde donde hacerlas y que se sentía incómodo promocionando unas rebajas a sus clientes, puesto que eran ricos y podían comprar los productos sin ningún descuento.»

Blair sabe escuchar muy bien de forma natural, así que me la imaginé fácilmente escuchando la lógica de Randy. Me contó que había identificado una actitud motivacional impuesta en Randy y que, por lo tanto, había intentado que adoptara otra más efectiva.

«Le he dado todas las oportunidades para cambiar», me explicó. «Pero, aun así, sigue sin querer hacer las llamadas. La conversación de actitud no me ha funcionado y estoy tan frustrada que voy a escribir un informe negativo sobre él. A veces, es necesario asumir las consecuencias cuando no se logran los objetivos o alguien se insubordina. Puede que a Randy le haya llegado este momento.»

Le pedí a Blair que me describiera el proceso para facilitar que Randy cambiara. «Le dije que cuando debo hacer algo que no me gusta, recuerdo que escogí esta profesión porque me encanta la moda. Le expliqué que me fascina vender una obra de arte que la gente puede llevar puesta. Le conté que valoro mantener informados a los clientes de lo que hacemos en nuestro departamento y tratarlos como si fueran parte de nuestra familia, porque así es como lo siento. Los clientes se merecen aprender de la experiencia que ha adquirido después de tantos años en el sector. Le recordé que él también ama este trabajo, nuestra tienda y nuestros clientes.»

Después de escuchar a Blair, le pregunté: «¿Cuáles son los valores de Randy?» Se quedó mirándome un momento sin decir nada. No sabía cuáles eran los valores de Randy. «Vaya. Solo me he estado preocupando de mí, ¿verdad? De mis valores, de mi amor por lo que hacemos y de mis percepciones sobre lo que yo creo que Randy debería valorar. Le expliqué a Randy cómo debería satisfacer sus necesidades de autonomía, relaciones y competencia, pero no le di la oportunidad de que lo pensara por sí mismo.»

Blair descolgó el teléfono, llamó a su director y le comunicó que no llevaría a término la acción disciplinaria contra Randy. «Me he ido por las ramas», se justificó. «Quiero probar otra estrategia antes de castigarlo por no obedecer mis instrucciones.»

Como me picaba la curiosidad, le pregunté a Blair qué esperaba obtener sancionando a Randy. Solo con la pregunta, Blair se dio cuenta de que había vuelto a la técnica del «palo» para «motivar» a Randy. Sin duda, el palo iba a motivarlo, pero no en la dirección que quería Blair. Había muchas probabilidades de que la acción disciplinaria por no hacer las llamadas acentuara una actitud motivacional que ya era subóptima, lo cual podía desembocar en que dejara el trabajo y se fuera a la competencia (o, peor, que desconectara y siguiera en su puesto).

Otra cosa que aprendió Blair fue que centrarse en los medios que empleaba Randy para lograr su objetivo, en lugar de en el objetivo mismo, había limitado las posibilidades de conseguir efectivamente lo que ambos querían: mejorar las relaciones con los clientes y aumentar las ventas. La reflexión de Blair le hizo ver que Randy no tenía una actitud motivacional subóptima respecto a las ventas: esta actitud se circunscribía a hacer llamadas para promocionar unas rebajas. No solo había impuesto sus valores a Randy, sino que de ahí había pasado a intentar resolver el problema de por qué Randy no hacía las llamadas. También pasó por alto la oportunidad de resaltar el auténtico objetivo —aumentar las ventas con un servicio al cliente e información sobre las rebajas— y preparar el terreno para fomentar alternativas creativas.

Estoy orgullosa de decir que Blair ha llegado a dominar las conversaciones de actitud. Habíamos estado manteniendo una, incluso antes de que yo me diera cuenta. Siento una profunda alegría cuando el estudiante se convierte en el maestro.

## Una conversación de actitud motivacional con Sonny: el Poder del Por qué

Este es un ejemplo de la conversación de actitud que llevé a cabo en un taller con un joven llamado Sonny, después de que pusiera en duda los resultados de una actividad de grupo. El objetivo de la actividad era demostrar por qué es importante comunicar tus necesidades motivacionales a tu director. Después de todo, no puede leer la mente de los demás. Todos los miembros del grupo, excepto Sonny, identificaron como motivación más importante «un trabajo interesante». Él fue el único que posicionó «el dinero» como su motivación principal.

Explicó su postura: «Sé que esta investigación implica que el dinero no es la mejor razón para estar motivado pero, si soy sincero, es la razón que yo tengo y no voy a disculparme por ello».

Sonny no conocía el Espectro de la Motivación ni las seis actitudes motivacionales, pero a partir de su reacción y su comentario, me pareció un buen momento para experimentar con la técnica del Poder del Por qué.[4] Con el permiso de Sonny, dirigí la conversación de actitud delante de todos los demás.

Susan:   Sonny, no hay respuestas correctas o incorrectas. Espero que, en lugar de sentirte juzgado por los resultados de las clasificaciones, sientas curiosidad. Aseguras que lo que te hace levantarte cada día para ir a trabajar es el dinero. Ninguna otra persona en el grupo lo ha considerado su motivación principal. ¿Estás abierto a investigarlo?

Sonny:  Adelante.

Susan:  De acuerdo. Entonces voy a hacerte algunas preguntas para analizar tu motivación. Si crees que son demasiadas, dímelo. ¿Por qué es el dinero lo que te hace levantarte cada día?

Sonny:  Me acabo de licenciar en la universidad y tengo muchas deudas. ¡Necesito dinero! Por eso me dedico a las ventas: para ganar dinero.

Susan:  Es comprensible. ¿Por qué el dinero es tan importante para ti?

Sonny:  ¡Porque tengo que comprar cosas!

Susan:  ¿Por qué comprar cosas es tan importante?

Sonny:  Porque las necesito, como un coche nuevo.

Susan:  ¿Por qué es importante un coche nuevo?

Sonny:  Porque el que tengo ahora es viejo y está hecho polvo. No es el coche de una persona con éxito. Necesito un coche nuevo para impresionar a los demás.

Susan:  ¿Por qué es importante para ti impresionar a los demás?

Sonny: Porque quiero que me vean como una persona que ha triunfado.

Susan: ¿Por qué es importante para ti que te vean como una persona que ha triunfado?

Sonny se calló y, lleno de emoción, nos contó que era la primera y única persona de su familia que había ido a la universidad y se había licenciado. Sus padres se habían sacrificado mucho y habían tenido varios trabajos para ayudarle durante esos cuatro años. Quería triunfar como una forma de agradecer su sacrificio y preocupaciones. Seguí haciéndole preguntas para aclarar si sentía que tenía una actitud motivacional impuesta o adaptada como, por ejemplo: ¿Crees que la razón por la que tus padres se sacrificaron por tu educación universitaria fue para que pudieras ganar mucho dinero? ¿Crees que tus padres tienen la expectativa de que ganes mucho dinero? ¿Crees que se decepcionarán si no lo haces? ¿Crees que te querrán menos si no ganas un montón de dinero?

En este momento, Sonny lo comprendió. Se dio cuenta de que *su interpretación del éxito* consistía en ganar un montón de dinero. La verdadera razón por la cual se esforzaba cada día era agradecer a sus padres abnegados lo que habían hecho por él, valorar las oportunidades que le habían dado. No se trataba de un sueldo ni de ninguna obligación. Era una cuestión que afectaba a sus relaciones.

La auténtica iluminación para Sonny fue darse cuenta de que el dinero y el coche que quería eran cuestiones accesorias. ¡Seguía queriéndolas, eso sí! Pero descubrió que hacer un trabajo significativo relacionado con sus valores y un propósito noble era una razón mucho más importante para levantarse de la cama cada día. Sonny se preguntó en voz alta: ¿Qué hará que me levante cuando ya tenga el coche? Llegó a la conclusión de que el amor le satisfacía mucho más que adquirir «cosas».

Preguntar a alguien, incluso a ti mismo, el porqué, es un potente instrumento de conciencia. Esta técnica de adaptación traspasa las capas de distracciones y de ansias superfluas para conectar a las personas con la esencia de la motivación: sus necesidades psicológicas de autonomía, relaciones personales y competencia.

## Conversación de actitud motivacional con Simon: conectar con los valores y el propósito

Simon, de veintitantos años, descarado y arrogante, se quejaba ante su grupo de trabajo del encargo para reconfigurar el sistema de horarios de la planta. Su tono de voz denotaba claramente que hablar de ello erosionaba su sensación de bienestar.

Un análisis más profundo también reveló que no tenía percepción de autonomía. Afirmó que no tenía ni voz ni voto en el asunto: se lo habían mandado. Tampoco sentía que sus relaciones fueran buenas, puesto que le parecía que se estaban aprovechando de él, ya que esta tarea no formaba parte de su trabajo o de lo que él consideraba que era la función de su puesto. Le encargaron la reconfiguración porque era un experto en programación informática y en sistemas operacionales. Y, aunque Simon era competente, no estaba satisfaciendo su necesidad psicológica de competencia. Le molestaba que su director le hubiera encargado la tarea porque él era el único con la competencia suficiente para llevarla a cabo.

La autorregulación tampoco estaba desempeñando un papel importante. Parecía estar regodeándose en la indignación. Creía tener el derecho de enfadarse. Por lo que me pareció, se estaba alimentando de la energía basura de la ira y el resentimiento. No estaba muy interesado en adoptar una actitud motivacional sana, lo cual podía significar que tenía una actitud motivacional indiferente. Pero el tono desafiante ponía de relieve una actitud motivacional impuesta.

En este punto de la conversación, le pregunté a Simon si estaba dispuesto a entablar una discusión sobre valores. ¿Se sentía cómodo compartiendo sus valores personales y cómo interaccionaban con su trabajo? Si algo era cierto de Simon es que le gustaban los retos. Creo que buscaba una discusión. Esto significaba que yo debía tener una autorregulación de calidad alta para llevar la conversación de actitud. «Practica el mindfulness», me recordé.

Simon expresó sus valores de manera clara y elocuente. Como muchos de su generación, las horas fuera de la oficina eran sagradas. Había visto que sus padres se habían sacrificado por su trabajo y habían sido leales a su empresa. Y, sin embargo, esta actitud no impidió que los despidieran. Simon forma parte de una generación que no está en absoluto interesada en los índices cada vez más altos de divorcios, en el abuso de drogas y en el estrés físico y mental que había asolado la generación de sus padres.[5]

Resultó que, para Simon, la pregunta fundamental fue la siguiente que formulé: «¿Ves alguna relación entre el proyecto de rehacer los horarios que te han encargado y tus valores?» Algunas personas que estaban sentadas detrás de él, afirmaron que tan pronto como oyó la pregunta cambió de pose. Aunque no podían verle la cara, notaron un cambio en su energía. El resto de personas observamos cómo se dibujaba una sonrisa en su rostro lentamente y concedía: «Bien, eso está bien». Prosiguió admitiendo que el proyecto de reconfiguración horaria concordaba con dos valores importantes. En primer lugar, permitiría que el tiempo en el trabajo fuera más eficiente, lo cual le daría más horas de ocio. En segundo lugar, para él era importante desempeñar un papel en el equipo. Al ayudar con sus conocimientos a configurar un sistema horario, también estaría regalando a sus compañeros la gestión de un tiempo más eficiente.

En pocos minutos, la perspectiva de Simon cambió de una actitud motivacional impuesta a una adaptada. Lo que me pareció más fascinante fue que todo su comportamiento respecto al aprendizaje y a la participación se transformó por completo. Las actitudes motivacionales son contagiosas, para bien o para mal. En el caso de Simon, el cambio de actitud tuvo un efecto dominó en el resto del grupo.

Te habrás dado cuenta de que evité la trampa de intentar resolver el problema. Si tú hubieras sido el director que encargó a Simon la tarea de rediseñar los horarios de la planta, es posible que te percataras de que se andaba con dilaciones y habrías decidido hablar con él. En la reunión, Simon esgrimiría todo tipo de excusas: el encargo no forma parte de su trabajo, no tiene el tiempo ni los recursos necesarios, etc. Lleno de buenas intenciones, habrías intentado solucionar el problema haciéndole preguntas específicas y pensando en alternativas viables.

Pero, sin importar lo sólidas que sean tus soluciones o los planes de acción, seguiría habiendo un hecho incontrovertible: Simon no quiere encargarse del proyecto. Tiene una actitud motivacional impuesta con una energía, vitalidad y bienestar de baja calidad. Hasta que no te enfrentes a la actitud motivacional de Simon, las semillas para resolver el problema no florecerán en una tierra estéril.

En primer lugar, deberás trabajar con tus empleados para desarrollar y aclarar los valores y propósitos relacionados con el trabajo. Después, cuando dirijas una conversación de actitud motivacional, será más probable que puedas promover un cambio ayudándoles a conectar su tarea, objetivo o situación con sus valores y propósitos.

Esta es la cuestión básica de las conversaciones de actitud: no sabes hacia dónde se dirigen o cómo los empleados conectarán con sus necesidades psicológicas. Como promotor de este cambio, deberás estar abierto al proceso y confiar en que, cuando las personas tienen una autorregulación de calidad alta (practican el mindfulness, se basan en sus valores y tienen un propósito), la satisfacción de sus necesidades (autonomía, relaciones y competencia) es de alta calidad. Por último, la mayoría de las veces llegan a conclusiones que no solo generan una energía positiva y una sensación de bienestar, sino que también tienen en cuenta el bien general.

## Maniobras de oficina

Al comenzar este capítulo, la directora le pedía a uno de los miembros de su equipo que cediera a otro empleado su despacho. Este respondía que no, que no iba a abandonar un espacio que le había costado tanto esfuerzo ganar. La directora asumió la responsabilidad de la decisión, creyendo que había intentado arrebatarle una de sus principales motivaciones: su estatus. Llegó a la conclusión de que el empleado no estaba motivado para perder su despacho.

Pero, ¿y si la directora hubiera entablado una conversación de actitud para ayudar al empleado a analizar sus sentimientos sobre la cuestión? Habría aclarado sus objetivos individuales, los valores que supone ser miembro de un equipo y su conexión con el propósito noble general. O si hubiera utilizado el Poder del Por qué para ayudarle a comprender si sus necesidades psicológicas se satisfacían con su estatus, o no.

Quizás una conversación de actitud le habría ayudado a descubrir que lo que se dirimía no era el estatus, sino un sentido de la justicia.

Obviamente, el despacho era un símbolo. La directora interpretó el despacho como un símbolo del estatus, pero también podría haber sido un símbolo de la justicia. En un nivel más profundo, el despacho podría representar valoración y aprecio. La petición de que abandonara el despacho podría haber mejorado la calidad de sus relaciones personales, que es lo contrario de lo que hace el estatus. El estatus es una posición de poder que mina las relaciones tanto de la persona al mando como de las personas subordinadas.

¿Y si las necesidades de relacionarse del miembro del equipo se hubieran comprendido mejor? Tal vez habría participado en tormentas de ideas sobre los objetivos del equipo y los recursos que se necesitan. Al darse cuenta de que sus opiniones y contribuciones importaban, quizás habría llegado a la conclusión de que había un mejor uso de su despacho y él mismo habría ofrecido la solución. Este gesto proactivo le habría hecho sentir mejor consigo mismo y habría aumentado la valoración que tienen de él el resto de empleados. Con una conversación de actitud, su directora podría haber ayudado a encauzar un cambio.

## Caso de estudio de motivación: la primera vez de Walter

Mi esperanza es que las conversaciones de actitud te ayuden a tener una Motivación Óptima. Pero quizá te preguntes cómo y por dónde empezar. Esta era la pregunta que se hacía Walter después de asistir a una sesión formativa en Europa. Decidió enviar un mensaje a sus miembros de equipo para explicarles que necesitaba practicar las conversaciones de actitud. Les pidió que contactaran con él si tenían problemas de motivación en el trabajo.

Walter no sabía si alegrarse o deprimirse cuando recibió ocho respuestas. Su primera conversación de actitud fue difícil pero, como afirmó, «ambos acabamos con buenas sensaciones. Contribuyó al proceso de pensamiento. Me preparé elaborando una proposición inicial. Luego, le expliqué someramente el modelo del Espectro de la Motivación. Gran parte del tiempo lo dediqué a identificar la actitud motivacional de mi empleada antes de poner en práctica el Poder del Por qué. Descubrí que necesitaba concentrarme más y practicar el mindfulness. En un momento dado, ¡fue mi empleada quien empezó a hacerme *a mí* las preguntas de *por qué*! Los últimos quince minutos los dedicamos a repasar todo lo que habíamos discutido».

En aras de la confidencialidad, Walter no explicó el contenido de la conversación ni el nombre de la empleada, pero sí que me dijo que ella le pidió una conversación de seguimiento. Le confesó a Walter lo mucho que había valorado esta conversación profunda: era la primera vez que alguien había intentado comprender sus pensamientos y emociones complejas. Resultó que esta empleada valiosa había estado a punto de dejar el trabajo pero que no lo hizo gracias a sentir que su relación con Walter había mejorado. ¡No estuvo nada mal, tratándose de la primera conversación de actitud de Walter!

## Resumen de «Lograr el cambio»

El liderazgo no es un papel, sino una práctica. Nadie desempeña el papel de médico, de abogado, de contable, músico o artista, sino que practica la medicina, la abogacía, la contabilidad, la música o el arte. Un liderazgo de primer nivel conlleva mucha práctica. Cuando se trata de motivación, la práctica del liderazgo contempla un modelo que aplica las tres habilidades que activan la motivación que sientes por tus tareas, objetivos y situaciones. Cuando practicas el liderazgo, te esfuerzas emocionalmente para observar cómo se *sienten* tus trabajadores, qué *experimentan* y *por qué*. Y, después, lo discutes con ellos. La mejor manera de entablar esta conversación es proponiendo una conversación de actitud motivacional. Cuando ayudas a los demás a *identificar* su actitud motivacional actual, cuando les ayudas a *adoptar* una actitud óptima y les haces preguntas abiertas para que puedan *reflexionar*, estás practicando un liderazgo complejo que marca una diferencia significativa.

No obstante, antes de tener una conversación que mejore la motivación de otra persona, debes prepararte asegurándote de que tú tienes una actitud motivacional óptima respecto al individuo y la cuestión concreta, además de la implicación necesaria para debatir sus necesidades y valores. Dedicar tiempo y esfuerzo a ayudar a los demás a cambiar su actitud motivacional genera innumerables ventajas para ellos, para tu empresa y para ti mismo. Pero la habilidad que necesitas para recoger estas recompensas precisará de más práctica. Puede que requiera un cambio respecto a algunas creencias básicas sobre cómo gestionar una empresa, lo cual es precisamente la cuestión que trataré en el capítulo 6.

**6.**

# Replantearse cinco creencias que perjudican la motivación en la empresa

**La motivación es uno** de los aspectos más vitales y esenciales del liderazgo, y también uno de los más confusos y peor comprendidos. La consecuencia de esta confusión e incomprensión es que los líderes no son capaces de discernir qué funciona y qué no. Adoptan conductas contraproducentes porque creen que están haciendo lo correcto. Los líderes tienen tan asumidas cinco creencias que empeoran la motivación que les cuesta oír, ver o hacer algo diferente.

Las investigaciones de los últimos sesenta años han demostrado este estado de cosas. Se han comparado las clasificaciones de aquello que motiva a los empleados con lo que sus directores piensan que les motiva y los resultados reflejan lo que sienten muchos de ellos: sencillamente, los directores no tienen ni idea de qué motiva a sus empleados. Suelen aducir motivaciones externas (acciones que están fuera del control de los empleados), como buenos salarios, ascensos y seguridad laboral. Por otro lado, los empleados prefieren las motivaciones internas (acciones que están bajo su control), como un trabajo interesante, crecimiento personal y aprendizaje.[1]

¿Por qué las percepciones son tan diferentes? Una de las razones es que los líderes no saben cuál es el estado motivacional interno de sus empleados, sino que solo conocen el suyo propio. Probablemente, esto explica por qué los directores se atribuyen a sí mismos motivaciones internas a la vez que juzgan que los demás necesitan motivaciones externas. No obstante, en lo que respecta a sus empleados, los líderes dependen de las conductas y condiciones externas para valorar su motivación. Por desgracia, muchos líderes no son observadores sensibles, ni interpretan sensatamente lo que ven. Para un líder, es casi imposible comprender el estado motivacional interno de un empleado observando su conducta externa. (Esta es otra buena razón para entablar conversaciones de actitud.)

Para añadir aún más confusión, como he estado señalando a lo largo de este libro, las personas pueden interiorizar las mismas condiciones de manera diferente. Por ejemplo, en una reunión de equipo donde el líder pide a todos los miembros que compartan información personal, es posible que se expongan las seis actitudes motivacionales que hemos estudiado. Pero el líder debe encontrar maneras de presentar su petición y configurar el entorno laboral para que sus empleados escojan una actitud motivacional óptima en lugar de una subóptima.

Las investigaciones sugieren que otra razón de las diferencias motivacionales en la percepción de empleados y líderes es que los primeros no comprenden la verdadera naturaleza de su propia motivación. Por ejemplo, una empleada que se siente atrapada en su trabajo, cree que se están aprovechando de ella o que, lo que exigen de ella, merece más dinero. Interiormente, se dice: «No me pagan suficiente para tener que soportar esto». Lo que no comprende es que nunca habrá suficiente dinero para llenar el vacío que dejan unas necesidades insatisfechas de autonomía, relaciones y competencia. No puede pedir lo que no sabe que necesita.

Cuando los líderes y los empleados responsabilizan de su insatisfacción al dinero o a factores externos, se ven embarcados en una serie de suposiciones y acciones perjudiciales. En primer lugar, a pesar de que necesitamos dinero y recompensas externas, creer que nos harán felices nos oculta lo que de verdad nos hace felices. En segundo lugar, provoca que los líderes, que normalmente no tienen un control directo sobre los aumentos de sueldo y las recompensas, se desentiendan de motivar a sus empleados. Alzan los brazos, entonan un mea culpa del liderazgo, y declaran que no pueden hacer más. Es posible que utilicen esta falta de control de los salarios y de los beneficios como excusa para enfrentarse al descontento emocional de sus trabajadores. En tercer lugar, cuando responsabilizamos a las motivaciones externas de nuestra insatisfacción en el trabajo, perpetuamos las creencias caducas que generan un liderazgo motivacional ineficaz.

El propósito principal de este capítulo es analizar este tercer fenómeno: cómo estas creencias asumidas de manera acrítica pueden influir en nuestra forma de afrontar la motivación e incluso perjudicarnos.

David Facer empezó a investigar las creencias de los líderes sobre qué es lo que motiva a los empleados porque considera que la motivación no solo es una cuestión de bienestar laboral, sino también una cuestión estratégica. «La innovación que los líderes, y en especial los líderes sénior, exigen de sus empleados para que la empresa sea más competitiva y valiosa es el resultado de un proceso creativo muy delicado. Me provoca una curiosidad infinita ver cómo los líderes explican los resultados desiguales que generan su presión y sus programas de incentivos. Solo tienes que escuchar lo que dicen los empleados de Starbucks. Claman tan claro como el agua que quieren una forma diferente de hacer las cosas.»

Una estrategia diferente y efectiva a largo plazo requiere un cambio en las creencias, afirma David, pero rara vez se pide a los líderes que las analicen. Para facilitar este análisis, creó el Inventario de Creencias Motivacionales, un breve cuestionario que los asesores y coach de directivos pueden emplear para que los líderes examinen conscientemente sus creencias motivacionales y pongan en práctica otras. David está convencido de que muchos líderes no comprenden que sus creencias motivacionales subyacentes configuran los problemas a los que se enfrentan. «Las pruebas negativas son demasiado importantes para ignorarlas», asegura. «Los empleados necesitan imperiosamente una estrategia motivacional nueva para superar con más facilidad el reto de la innovación.»[2]

En la introducción de este libro, te he propuesto frases inacabadas concernientes a las creencias y te he pedido que rellenes los espacios en blanco. Eran las siguientes:

1. No es nada personal, solo son _____.

2. El objetivo de los negocios es _____.

3. Los líderes están en una posición de _____.

4. Lo único que importa de verdad son _____.

5. Si no puedes medirlo, es que _____.

Son creencias particularmente arraigadas que erosionan la motivación. ¿Alguna vez has pensado de dónde provienen? Están tan integradas en la conciencia empresarial que las aceptamos sin cuestionarlas. Aún no he conocido a un líder que no pueda rellenar la mayoría o todos los espacios en blanco. Esto supone un problema potencial. Creencias aceptadas sin más se han convertido en el fundamento de valores programados.

Después, estos valores programados se convierten en la base de normas, procesos, procedimientos, acciones y conductas de liderazgo.

Tu misión, si decides aceptarla, es analizar estas creencias y comprobar cómo tienden a perjudicar la Motivación Óptima de tus empleados. Luego, deberás considerar creencias alternativas y mejorar las formas de hacer las cosas. Te animo a arrojar luz sobre valores potencialmente aceptados sin más, con la intención de desarrollar valores de liderazgo motivacional más significativos.

## Replantéate la Primera Creencia Perjudicial: No es nada personal, solo son negocios

Probablemente, cualquier empleado pasa más horas al día trabajando e interactuando con sus compañeros que con sus familiares. Y, a pesar de esto, los directores creen que sus acciones no son nada personal, sino solo negocios.

Cada día damos información, hacemos comentarios o damos noticias que influyen en el trabajo, la vida, las oportunidades, el estatus, el salario, el humor, la salud y el bienestar de aquellos a los que dirigimos. ¿Cómo podemos decir que no es nada personal?

Creas lo que creas, una cosa es cierta: tus empleados *sienten* como algo personal todo lo que dices y haces. Y ahí reside la cuestión: *sentimientos*. Ya hemos analizado la cuestión emocional en las empresas. ¿Crees que expresar sentimientos es algo ajeno a las empresas? Si es así, plantéate la siguiente pregunta: ¿Por qué esta creencia es tan común? ¿De dónde proviene?

Una posibilidad de por qué los sentimientos no son de recibo en las empresas es que los directores no están preparados para enfrentarse a ellos de forma efectiva. Es cierto que algunos empleados, con una autorregulación baja, dejan que de tanto en tanto les controlen las emociones. Pero el miedo a emociones desbocadas es exagerado si tenemos en cuenta la frecuencia y la gravedad de los estallidos emocionales.

¿Y si cambiaras la creencia de *No es nada personal, solo son negocios* por una que es más probable que active una Motivación Óptima? *Si son negocios, es algo personal.*

Intenta asimilar la idea de que todas las emociones son aceptables, pero no todas las conductas son aceptables. Date cuenta de las emociones de los demás, reconócelas y enfréntate a ellas. Practica la autorregulación escuchando tu corazón y reconociendo el papel esencial que desempeñan los sentimientos en tu trabajo y en tu vida.

Anímate a abandonar prácticas que socaban las necesidades psicológicas de las personas y adopta otras que las satisfagan. Cuando cambien tus creencias, cambiarán tus prácticas de liderazgo y cómo reaccionan tus empleados.[3]

| Qué no funciona | Qué funciona |
|---|---|
| Pensar en ti mismo o decirle a otra persona «No deberías sentirte así». | Reconocer y dar por buenas las emociones y los sentimientos de los demás. |
| Ser moralista y someter tu aprobación a condiciones. | Dar información sencilla y descriptiva en lugar de valoraciones o elogios personalizados. |
| Tolerar acciones saboteadoras o patrones de conducta inaceptables. | Facilitar la posibilidad de opciones y hacer preguntas abiertas para promover el mindfulness. |

## Replantéate la Segunda Creencia Perjudicial: El objetivo de los negocios es ganar dinero

Cuando sostienes la creencia de que el objetivo de los negocios es ganar dinero, te estás centrando en datos y estadísticas en lugar de en las personas que dan un servicio de calidad a los clientes. Estás predispuesto a sobrevalorar los resultados y presionarás a tus empleados para conseguirlos. Puede que tengas la tentación de utilizar prácticas cuestionables desde un punto de vista ético. Cuando tengas que elegir, es posible que te decantes por la cantidad en lugar de por la calidad, por resultados a corto plazo en lugar de a largo plazo y por beneficios en lugar de por las personas.

Piensa en que una creencia alternativa conllevará una estrategia de liderazgo diferente. Por ejemplo, considera en qué cambiarían tus decisiones y acciones si se basaran en la siguiente creencia: *El objetivo de los negocios es servir*.

Esta creencia reconfigurada alteraría los datos y las estadísticas de la empresa o, al menos, el contenido y la calidad de los objetivos. ¿Cómo cambiaría tu forma de liderar si los objetivos se focalizaran en servicios tanto internos como externos, tanto en la calidad del esfuerzo de tus empleados como en sus resultados, o tanto en aprender y crecer como en llegar a metas?

Los directivos anticuados rechazarán estas ideas con argumentos tradicionales: «Puedes servir todo lo que quieras, pero esto no te hará ganar dinero, y si no obtienes beneficios te quedarás sin negocio. Entonces, no serás útil para nadie».

Sí, sin duda un negocio tiene que generar beneficios para subsistir. Pero está fuera de toda lógica considerar, por ende, que los beneficios son el objetivo de los negocios. Para vivir, necesitamos aire, agua y comida. Pero el propósito de la vida no es respirar, beber y comer. Tu objetivo en la vida es algo más enriquecedor que sobrevivir. Cuanto más noble sea tu propósito y más hayas desarrollado tus valores, más influirán en *cómo* vives tu vida.

*La naturaleza de la motivación humana no es ganar dinero. La naturaleza de la motivación humana es elaborar sentido.*

Generar beneficios y servir a las personas que son útiles para los clientes no es excluyente. Siempre se complementan. Pero servir va primero. Parafraseando a Ken Blanchard: «El beneficio es el resultado de crear un entorno de Motivación Óptima para que tus empleados se preocupen de los clientes». Existen pruebas incontestables de que la vitalidad empresarial, medida con inversiones, retribución por acciones, acceso al capital de riesgo, el precio de las acciones, deuda total y otros indicadores económicos, depende de dos factores: la pasión laboral de los empleados y la devoción de los clientes. No funciona al revés: la vitalidad empresarial no es lo que determina la devoción de los clientes ni la pasión laboral de los empleados.[4]

Cuando te centras en satisfacer las necesidades psicológicas de los empleados para que puedan cubrir las necesidades de los clientes, tu empresa crece. Una vieja analogía deportiva se puede aplicar igualmente a la empresa: focalizarse en los beneficios es como jugar un partido mirando al marcador y no a la pelota.

Pon en duda la creencia de que el objetivo de los negocios es ganar dinero, y ten en cuenta una creencia motivacional óptima: *El objetivo de los negocios es servir, tanto a tus empleados como a los clientes. Los beneficios son una consecuencia de esta conducta.*

Observa cómo reaccionan los demás a esta nueva creencia. Cuando estás convencido de que el objetivo de hacer negocios es servir, lideras de forma diferente. Es más probable que tus decisiones y acciones promuevan un espacio que respalda la

Motivación Óptima de las personas. Después, recoge los resultados y disfruta del merecido aplauso en forma de vitalidad empresarial. Ten esto presente para evitar prácticas que socavan las necesidades psicológicas de tus empleados y adopta aquellas que las benefician.[5]

| Lo que no funciona | Lo que funciona |
|---|---|
| Valorar los beneficios por encima de las personas. | Ayudar a los empleados a adaptarse a valores y propósitos relacionados con el trabajo. Determinar las acciones dependiendo del bienestar general. |
| No comentar los problemas relacionados con las habilidades de un empleado o castigar su falta de competencia. | Valorar sinceramente las necesidades de formación o de habilidades. |
| Considerar que las personas son máquinas incansables. | Reservar tiempo para proyectos que motivan inherentemente. |

## Replantéate la Tercera Creencia Perjudicial: Los líderes tienen una posición de poder

Imagina que trabajas para una gran empresa. Entras al ascensor y ya hay alguien dentro: el CEO. No te lo han presentado, pero lo reconoces por haberlo visto en las reuniones generales de la empresa. Puede que se te acelere el pulso. Lo más probable es que pienses dos veces antes de hablar. Es posible que te emocione la perspectiva de conocerlo o que te preocupe darle una mala impresión. No hace falta decir que, si no fuera una persona tan importante o no lo hubieras reconocido, la dinámica habría sido diferente.

«Los directores deben ser muy conscientes de los poderes que tienen y cómo usarlos. Muchos de ellos se sorprenderán del impacto negativo potencial que puede acarrear su uso, en casi todas sus formas.» Son palabras de Drea Zigarmi, que se quedó estupefacto al comprobar las implicaciones de su propia investigación sobre cómo el poder de un líder influye en la actitud motivacional de sus empleados.[6] Incluso cuando no tienes intención alguna de utilizar tu poder, solo el hecho de ostentarlo crea una dinámica que requiere concienciación y sensibilidad.

Drea y sus ayudantes estudiaron cómo los líderes usan el poder en las empresas. Será muy útil para ti considerar los diferentes tipos de poderes más comunes que se enumeran abajo y el efecto potencial que tiene cada uno en la actitud motivacional, las intenciones y el bienestar emocional de tus empleados. Es posible que te sorprenda.

- *El poder de recompensa* es la capacidad para prometer recompensas económicas o no económicas. Existen dos tipos de poder de recompensa:

  - *El poder de recompensa impersonal* es la capacidad de conceder beneficios especiales, ascensos o retribuciones favorables.
  - *El poder de recompensa personal* es la capacidad que tienes cuando los sentimientos de tus empleados dependen de que los aceptes, los valores y los aprecies.

Los empleados afirman que, cuando perciben cualquiera de estas dos formas de poder en la oficina, tienen una actitud motivacional subóptima.

- *El poder coercitivo* es la capacidad para utilizar amenazas y castigos cuando los trabajadores no cumplen con los resultados esperados. No nos debería extrañar que el uso del poder coercitivo normalmente conlleva un deterioro de la relación entre el líder y el trabajador, y una actitud motivacional subóptima. A menudo, los líderes consideran que el poder coercitivo es la forma de poder más fácil, expeditiva y justificable. El poder coercitivo es la verdadera comida basura que crea un lugar de trabajo donde las personas necesitan ejercer una autorregulación de calidad alta para evitar una actitud motivacional subóptima.

- *El poder de referencia* consiste en cómo los empleados se identifican contigo. Paradójicamente, es posible que disfrutes de ciertas relaciones laborales porque la identidad de los empleados mejora gracias a interactuar contigo, sus acciones se fundamentan en el deseo de ser parecidos a ti o de asociarse contigo, o tienen una opinión tan alta de ti que temen estar en desacuerdo. Puede que te sorprenda descubrir que cuando los empleados afirman que sus directores tienen poder de referencia, también aseguran tener una actitud motivacional subóptima. El hecho de que dependan de ti para mejorar su estado interno de bienestar suele perjudicar su autonomía, sus relaciones y su competencia.

- *El poder legítimo* es el que conlleva una posición o título que otorga al líder el derecho justificado de exigir la obediencia de otro individuo. Es una bendición y una maldición. Con él, puedes hacer cosas buenas pero, como diría Spiderman: «Un gran poder conlleva una gran responsabilidad». Debes prestar atención a cómo los demás perciben e integran tu poder legítimo porque, a pesar de tus buenas intenciones, pueden interpretarlo como una merma de su ARC. El poder legítimo, que a menudo se nombra *poder de posición*, se manifiesta de diversas formas:

- *La reciprocidad* es el poder que proviene de los empleados cuando se sienten obligados a cumplir lo que pides porque has hecho algo positivo por ellos.
- *El poder de equidad* es un quid pro quo. Es el poder que tienes cuando un empleado siente que esperas algún tipo de compensación por el trabajo o el esfuerzo que has dedicado a una relación.
- *El poder de dependencia* es el poder que tienes cuando los empleados se sienten obligados a ayudarte porque lo necesitas. No proviene de su capacidad para relacionarse, sino de una sensación impuesta de responsabilidad social.

- *El poder de la experiencia* es el que proviene de tu conocimiento amplio y profundo. Se fundamenta en la percepción que tienen tus empleados de tus conocimientos superiores.

- *El poder de la información* reside en la percepción que tienen tus empleados cuando les expones una lógica o unos argumentos persuasivos.

Incluso estos dos últimos tipos de poder pueden dar como resultado una motivación subóptima de los empleados cuando se sienten manipulados, amenazados o abrumados por tu experiencia o uso de la información (de conocimiento o de poder).

La cuestión básica es que el poder perjudica las necesidades psicológicas de las personas. Y no se trata solo del uso del poder, sino sobre todo de la percepción de que lo *tienes* y de que *podrías usarlo*. Tu poder significa que los demás necesitan más energía para autorregular un espacio en el que puedan sentir autonomía, buenas relaciones y competencia. En palabras de Drea: «El poder es una cuestión delicada. Puede provocar que el líder crea en falsas ilusiones y no esté en contacto con aquellos que lidera».[7]

Si eres el CEO que está en el ascensor, en virtud de tu título y el poder que ostentas, aunque no lo ejerzas, cambia la dinámica entre tú y la gente que lideras. Así que, ¿qué debería hacer un líder?

Cuando eligieron como delegado de clase a Ken Blanchard en séptimo curso, su padre lo felicitó y le dijo: «Ahora que tienes poder, no lo uses nunca. Un líder es bueno porque los demás confían en él y lo respetan, no porque tenga poder». Theodore Blanchard, almirante de la marina de los Estados Unidos, le dijo que cualquiera que piense que un liderazgo de estilo militar depende de decisiones individuales y dogmáticas es que nunca ha estado en una batalla. Según el almirante Blanchard, «si los líderes actuaran así, tus hombres te dispararán antes de que lo hiciera el enemigo».

Puedes utilizar todo tu poder para intentar motivar a tus empleados, pero no lograrás que tengan una actitud motivacional óptima. Esto es algo que solo pueden hacer por ellos mismos. Pero el entorno que crees tendrá una enorme influencia en lo fácil —o difícil— que sea para los demás autorregularse, satisfacer sus necesidades psicológicas del ARC y sentir una Motivación Óptima.

Tenemos que cambiar la creencia de que un líder está en una posición de poder. Considéralo desde una perspectiva motivacional óptima: *Los líderes están en una posición de crear un entorno donde las personas son más proclives a satisfacer sus necesidades psicológicas del ARC.*

Cuando en lugar de prácticas perjudiciales empleas las más efectivas, focalizas tu poder en crear un entorno que proporciona las recompensas de la Motivación Óptima a tus empleados y a tu empresa.[8]

| Lo que no funciona | Lo que funciona |
| --- | --- |
| Presionar y pedir cuentas. | Permitir que tomen decisiones. Analizar opciones dentro de unos límites. |
| Aprovechar tu posición o tu poder coercitivo. | Examinar el interés natural o el entusiasmo por el objetivo. |
| No revelar u ocultar la lógica que hay detrás de tus decisiones. | Explicar el porqué y compartir información. Hablar de tus intenciones abiertamente. |

## Replantéate la Cuarta Creencia Perjudicial: Lo único que importa de verdad son los resultados

No hace mucho, en una conferencia, pregunté: «¿Cómo acaba-ríais esta frase: Lo único que de verdad importa en los negocios es *espacio en blanco*?» La respuesta era tan obvia que, espontá-neamente, trescientas personas llenaron el espacio en blanco gritando al unísono: «¡Resultados!»

Luego les pedí que pensaran en esta tiranía que representan los resultados. No fue fácil. Los líderes suelen desconectar cuando pones en cuestión los resultados. Los directivos no pueden imaginarse qué es lo que importa al acabar el día además de los resultados medidos con datos y estadísticas. Te pido lo que les pedí a ellos: considerar tres alternativas a la perspectiva centrada en los resultados.

### Opción 1: Redefine y reestructura los resultados

Los empleados quieren obtener resultados empresariales y los objetivos asignados (cuando son justos y se han acordado con-juntamente), pero a menudo los interiorizan como externos o impuestos. Puedes ayudarles a cambiar a una actitud adaptada aclarando los valores subyacentes en los datos y estadísticas. Es posible incluso que adopten una actitud motivacional integrada cuando los datos son un medio para lograr un propósito noble.

Cuando Express Employment Professionals anunciaron los objetivos de venta en una conferencia reciente para dueños de franquicias, los líderes recordaron a los asistentes que el propósito empresarial es dar trabajo a un millón de personas. ¡La energía que generó este anuncio fue electrizante! Cuando Berrett-Koehler, mi editorial, muestra el catálogo a los compradores potenciales, lo primero que ven en la portada es el siguiente mensaje: «Una comunidad dedicada a crear un mundo mejor para todos». Según mi experiencia, todos los objetivos, datos y decisiones de Berret-Koehler tienen este propósito en el fondo. Cuando recibí el calendario de producción detallado, no consideré los plazos como algo impuesto, sino como unas guías útiles para que todos pudiéramos hacer nuestra parte. Este es el sexto libro que escribo, pero es el primero que publico en Berrett-Koehler. ¡Nunca he estado tan óptimamente motivada para cumplir los plazos!

Posicionar los resultados en otra escala de valores y confiar en que los individuos cumplirán con los objetivos ayuda a los empleados a adoptar otra actitud motivacional.

### Opción 2: Fija objetivos de alta calidad

Las investigaciones demuestran que los líderes deben ayudar a sus empleados a evitar objetivos externos potenciales, como por ejemplo:

- Reconocimiento social para aumentar su número de amigos o contactos y así mejorar su estatus social o profesional.

- La imagen y el aspecto, como perder peso para dar buena impresión y estar más atractivo en una reunión.

- Éxito material, como ganar más dinero, comprar un coche lujoso o mudarse a un barrio prestigioso.[9]

En lugar de esto, los líderes deben ayudar a sus empleados a fijarse metas que promuevan una actitud motivacional óptima, como por ejemplo:

- Crecimiento personal, en la forma de practicar el mindfulness y más atención a los demás.

- Afiliación: tutelar a un empleado de menor rango o mejorar las relaciones con los demás.

- Comunidad: contribuir a algo más grande que tú mismo o marcar la diferencia.

- Salud física: perder peso para aumentar la energía o cambiar los hábitos alimenticios para bajar la presión arterial.[10]

Hay una diferencia real y significativa entre estos dos objetivos:

- Si comes bien, es más probable que seas atractivo físicamente y que parezcas más joven en el futuro.

- Si comes bien, es más probable que estés en forma y que estés sano en el futuro.

Aplicado en un entorno empresarial, considera la diferencia real y significativa de este objetivo expresado de dos maneras:

- Si logras los objetivos, es más probable que entres en el Club del Presidente y que te regalen un viaje como premio.

- Si logras los objetivos, es más probable que resuelvas los problemas de tus clientes y que marques la diferencia.

Los individuos se beneficiarán de estos objetivos de mayor calidad. Fijarse estos objetivos es una manera de cambiar los meros resultados por resultados significativos.

La calidad de los objetivos determina la calidad de la experiencia. Y los valores que hay detrás de los objetivos determinan el valor del objetivo.

## Opción 3: No supongas que los fines justifican los medios

Si crees que los resultados son lo importante sin tener en cuenta *por qué* ni *cómo* van a conseguirlos tus empleados, estás diciendo, en esencia, que el fin justifica los medios. Y esto es un panorama desolador. No necesitamos la ciencia de la motivación para demostrar que los medios son importantes. Cada día vemos en las noticias los escándalos y las historias de horror que protagonizan personas, empresas, sectores y países que anteponen el fin a los medios.

Un ejemplo ilustrativo es el documental de 2005 que fue nominado a un Óscar, *Enron: Los tipos que estafaron a América*. Puedes leer el libro en el que se basa, pero te perderás las perturbadoras conversaciones grabadas entre atolondrados corredores de bolsa del sector de la energía que se felicitaban mientras los incendios asolaban California y sus habitantes perdían todo lo que tenían, incluso la vida. Los corredores de bolsa sabían que los incendios iban a aumentar la demanda y el precio de la energía, lo cual garantizaba los resultados que les habían exigido.

Enron está considerado uno de los escándalos más vergonzosos de la historia de Estados Unidos. Pero es incluso más perturbador como ejemplo de lo que ocurre cuando se anteponen los resultados por encima de los medios. Nos duele por aquellos que sufrieron en manos de los corredores, pero también por estos últimos que eran adictos a la comida basura motivacional que acabó por envenenar su moral. Los corredores son responsables de sus acciones, y esta es una de las razones por las que creo que cualquier persona debería aprender la habilidad de la Motivación Óptima. No obstante, los líderes también fueron responsables por haber creado una cultura basada en unas creencias que perjudicaban la autonomía, las relaciones personales y la competencia, lo cual dio lugar a una conducta inhumana.

Centrarse en los resultados puede que genere ganancias a corto plazo. Sin embargo, son ganancias que están en riesgo cuando las personas sienten presión en lugar de autonomía, desconexión en lugar de relación, y la sensación de que los usan en lugar de la sensación de competencia.

Las pruebas son claras: podemos conseguir los resultados que queremos, incluso si tiramos por el suelo las necesidades psicológicas. Pero la energía negativa y la falta de bienestar hace improbable que se puedan mantener o repetir, y en ningún caso mejorarlos.

Reconsidera la creencia de que lo único importante son los resultados. Pon en su lugar una creencia motivacional óptima. *Al final, lo que de verdad importa no son solo los resultados, sino por qué y cómo los alcanzas.*

Presta atención al cambio de energía —tuya y de los demás— cuando te centras en lo que de verdad importa. Focalízate en resultados significativos que satisfagan las necesidades psicológicas y generen una Motivación Óptima. Luego, confía en que los números acabarán sumando.[11]

| Lo que no funciona | Lo que funciona |
| --- | --- |
| Imponer objetivos y plazos. | Presentar los objetivos y plazos como una información necesaria para conseguir los objetivos acordados. Ayudar a los empleados a reconfigurar los objetivos para que tengan sentido para ellos, al tiempo que se alcanzan las metas. |
| Primar las necesidades de la empresa sin prestar atención a las necesidades de los empleados. | Dar a los empleados las directrices y los apoyos necesarios para su nivel de desarrollo. |
| Valorar los resultados e ignorar los esfuerzos. | Explorar alternativas para estimular la aplicación de estrategias. |

## Replantéate la Quinta Creencia Perjudicial: Si no puedes medirlo, es que no importa

Hace mucho tiempo, aplicaba la técnica de fijación de metas SMART (acrónimo para *Specific, Measurable, Attainable, Relevant, Time-Bound*), en la que la M representaba la palabra *Medible*. Sin embargo, con el tiempo, me di cuenta de que una meta específica, medible, asequible, relevante y fijada en el tiempo no era lo bastante SMART. Cambié la M por *Motivadora* y sustituí *Específica* por *Medible*. Añadir otra dimensión para que los objetivos fueran más atractivos emocionalmente, me funcionó. Y también parecía funcionar para los demás. Ahora, la ciencia de la motivación nos explica por qué.

## La naturaleza de las cosas que no se pueden medir

Fijar objetivos y resultados medibles es importante. Tener una línea de meta definida puede ser un incentivo positivo. Siempre he aconsejado que, para que los líderes y los individuos consigan unos resultados más efectivos, lo mejor es reconfigurar los objetivos *medibles* como objetivos *significativos*. No obstante, tenemos que ir más allá de la técnica de fijación de metas SMART y tener en cuenta aspectos del trabajo que no se pueden medir fácilmente.

Un ejemplo: si eres padre, seguramente tendrás objetivos SMART para la educación y la adquisición de habilidades de tus hijos. Pero, responde a esta pregunta: ¿qué es lo que la mayoría quiere para sus hijos? Muchos padres afirman que quieren que sus hijos tengan relaciones personales significativas, que disfruten de una conexión profunda con el mundo, que contribuyan a la sociedad, que den y reciban amor, que logren un propósito noble, que se apasionen por su trabajo, que descubran qué les hace felices, que se sientan seguros y estén sanos, que sepan que tienen opciones y que sean capaces de desarrollarse y dominar el mundo que los rodea.

Los sueños que los padres albergan para los hijos no se pueden medir fácilmente. Y ocurre lo mismo cuando pregunto a los líderes qué quieren para sus empleados. Tal vez utilicen palabras distintas, pero lo que quieren es que tengan una sensación positiva de bienestar. La piedra angular de estos deseos es que satisfagan sus necesidades psicológicas de autonomía, de relaciones personales y de competencia. A pesar de que es innegable que lo que quieren de verdad para sus empleados son los beneficios que suponen estos aspectos emocionales del trabajo, los líderes siguen focalizando su atención en aquello que es fácilmente medible.

*Como en la vida, los aspectos más gratificantes del trabajo son aquellos más difíciles de medir.*

Si crees en la afirmación: «Si no se puede medir, es que no importa», pregúntate por qué. ¿Considerar la naturaleza emocional de las cosas no es algo fácil de medir fuera de tu zona de confort? ¿Crees que tu trabajo consiste en controlar las circunstancias y resulta difícil controlar algo que no se puede medir fácilmente?

## Es mejor no medir algunas cosas

Uno de los grandes placeres de la vida es comer en Italia. Pregúntale a cualquiera que haya viajado allí: la comida sabe mejor en Italia. Tuve la suerte de asistir a un curso de cocina de un fin de semana en la Toscana. Digo «suerte» porque literalmente cambió la calidad de mi vida: no solo de mi cocina, sino de las perspectivas en mi día a día. El chef se negó a darnos las medidas exactas de los platos que cocinaba. «¿Cómo puedo decirles cuánta agua poner en la masa de pasta? Depende de la calidad de la harina y del tipo de día: la temperatura, la humedad, etc. Deben añadir agua y aceite hasta que tenga la consistencia adecuada.» También vacilaba cuando le pedíamos un menú o una planificación semanal. Si las flores de calabacín estaban floreciendo, entonces las rellenaba y las freía. Si no, entonces los tomates maduros serían el elemento principal de la ensalada Caprese. Nos estaba enseñando a poner en práctica el mindfulness, a estar presentes en el momento, a prestar atención al mundo y darnos cuenta de las muchas opciones que teníamos. La comida se convierte en una posibilidad para hacer algo profundo. Y el paladar nota la diferencia.

Replantéate la creencia de que si no puedes medirlo no es importante. En lugar de esto, aplica una creencia motivacional óptima. *Si no puedes medirlo, probablemente sea muy muy importante.*

Por descontado, existen muchas cosas que tenemos que medir en la vida y en el trabajo. La repostería es una ciencia en la que las mediciones determinan si tendremos un pastel esponjoso o un mazacote. Pero el gran paso adelante de los líderes es ser más conscientes de la importancia de fomentar los sueños, los ideales y las experiencias que no se pueden medir fácilmente. Esto incluye sentirse más cómodo con los sentimientos. Si los líderes destierran la naturaleza emocional de las personas porque no son conscientes o no tienen la capacidad de gestionarla, todos acabamos perdiendo lo que nos hace completamente humanos. Es un precio demasiado alto para mantenerse en tu zona de confort. Observa el cambio de energía cuando respaldas lo que no se puede medir fácilmente: el amor, la alegría y la gratitud. Tus empleados quedarán saciados.

Pon en tela de juicio tu zona de confort al aplicar técnicas que satisfagan las necesidades psicológicas de tus empleados.[12]

| Lo que no funciona | Lo que funciona: |
| --- | --- |
| Enfatizar demasiado los datos y la competencia. | Indagar en el interés y el entusiasmo natural de los individuos por los objetivos. |
| Subestimar el aprendizaje. Posponer o cancelar continuamente las oportunidades de aprender, desarrollarse y asistir a programas de formación. | Enfatizar los objetivos de aprendizaje, no solo los de rendimiento. |
| Considerar el error como algo negativo. | Fomentar la reflexión y el crecimiento. Legitimar los errores como parte del proceso de aprendizaje. |

## Resumen de «Replantearse cinco creencias que perjudican la motivación en la empresa»

¿Qué has comprendido de lo que motiva o no motiva a las personas? Mi esperanza es que estés dispuesto a poner en duda tus creencias sobre la motivación y los valores que se respaldan en ellas.

¿Tus creencias y valores subyacentes fomentan o perjudican la Motivación Óptima en la empresa?

No todas las creencias son valores, pero todos los valores son creencias. La calidad de tus creencias determina la calidad de tus valores de liderazgo, lo cual, en última instancia, configura tu forma de liderar y la calidad del entorno laboral que creas.

# La promesa de la Motivación Óptima

**Ser un líder es** un privilegio. Lo que dices, cómo lo dices y por qué lo dices supone un cambio en la vida de las personas que lideras.

## La promesa de la Motivación Óptima para ti, como líder

David Facer y yo siempre hacemos esta pregunta en las conferencias que damos a directivos: «¿Qué queréis *de* vuestros empleados?»

Recibimos respuestas inmediatas y razonables, como por ejemplo: «Quiero su concentración, atención, esfuerzo, dedicación y lealtad». «Quiero que cumplan con las expectativas, que cuadren los números, logren los objetivos, hagan lo que les pido y obtengan resultados.»

Después, les hacemos otra pregunta relacionada: «¿Qué queréis *para* vuestros empleados?»

Es divertido observar cómo cambiar una sola palabra en la pregunta provoca miradas estupefactas e inexpresivas. Se percibe escepticismo, incluso cinismo, cuando sienten que vas a abordar una cuestión íntima. Con un poco de ayuda, los directivos empiezan a decir lo que quieren para sus empleados: felicidad, seguridad, salud, diversión, la sensación de lograr algo y paz.

Estas respuestas nos parecen fascinantes. Son muy similares a las características del bienestar positivo enumeradas en el capítulo 4. La estrategia de los directivos para obtener resultados se centra en lo que quieren de sus empleados. Pero es precisamente al revés.

Cuando te centras en lo que quieres *para* tus empleados, es más probable que obtengas los resultados que quieres *de* tus empleados.

## La promesa de la Motivación Óptima para la empresa

Casi todos los líderes están atrapados en sistemas que anteponen el liderazgo al crecimiento. Los sistemas organizativos se basan en la asunción errónea de que se debe reforzar, recompensar o dirigir a las personas para obtener resultados. Subestiman las necesidades básicas de crecer, sobresalir y contribuir. Todos tenemos un deseo básico de mejorar.

Incluso con la nueva ciencia de la motivación, muchas empresas siguen intentando motivar a las personas con medios externos que parecen convenientes, fáciles y controlables. Pero la pregunta es: ¿a qué precio? Aumentar salarios y bonificaciones es un coste evidente. Pero, cuando una empresa se centra en recompensar al 10 por ciento de los mejores empleados, ¿qué ocurre con el 90 por ciento restante? ¿Qué ocurre con los costes que suponen una peor salud física y psíquica, con el absentismo laboral y con el aumento de las tarifas de los seguros, por nombrar solo algunos aspectos, que genera la estrategia tradicional de comida basura motivacional? ¿Qué ocurre con las oportunidades perdidas en términos de dedicación, lealtad, creatividad e innovación?[1]

Ha llegado el momento de considerar las *ganancias* potenciales de enseñar a los líderes y los empleados a cómo activar una Motivación Óptima. ¿Qué podría suceder si las empresas, además de centrarse en los resultados, el rendimiento y la productividad, ayudaran a que sus empleados satisficieran sus necesidades del ARC? ¿Y si los líderes evitaran las prácticas perjudiciales y adoptaran otras más beneficiosas, como las conversaciones de actitud? ¿Y si desarrollaran los valores basándose en creencias motivacionales óptimas en lugar de en las creencias tradicionales y anticuadas?

La respuesta a estas preguntas podría crear un lugar de trabajo donde personas autónomas se rindieran cuentas a sí mismas; donde unas relaciones personales auténticas conllevaran conductas cívicas en la empresa; y donde la competencia generara una empresa en la que se aprende, se innova, en la que los productos y los servicios son de calidad, y todos los procesos son más sencillos.

Cuando las ideas de este libro pasan de la teoría a la práctica, la promesa y la posibilidad es un entorno laboral lleno de personas apasionadas y con una sensación positiva de bienestar.

## La promesa de la Motivación Óptima para los individuos que lideras

La siguiente experiencia personal señala la diferencia que se crea cuando ayudas a los empleados a replantearse su actitud motivacional.

Aquel partido podía ser el último para el equipo de Alexa, o la última etapa para llegar a las eliminatorias del campeonato estatal. El equipo de voleibol de su instituto jugaba contra el equipo rival de la misma ciudad para ver quién tenía el privilegio de representar a su división en las eliminatorias. Cualquiera que haya jugado en equipos del instituto sabe cómo pueden subir la tensión y la emoción, hasta el punto de que los padres llegan a alterarse más que sus hijos deportistas. El padre de Alexia y Drea y yo gritábamos y saltábamos en cada punto a favor. En la serie al mejor de tres partidos, cada equipo había ganado uno y quedaba el último. Era ganar o morir. Se trataba de una modalidad de voleibol en la que la única forma que tenía un equipo de puntuar era durante su servicio, y solo dejaba de servir cuando perdía un punto. El equipo de Alexa estaba por debajo en el marcador y no tenía buena pinta. Entonces, le tocó sacar a Alexa. Tuve la sensación de haber dejado de respirar durante todo su servicio.

Anotó el primer punto. Luego, el segundo. El equipo de Alexa se animó y acabaron ganando el partido. ¡Drea y yo no podíamos contener nuestra alegría! Bajé como un rayo a la gradería para celebrarlo pero, de alguna forma, mi marido llegó antes e hizo lo que hacen los padres italianos: la besó en la frente y la abrazó.

Yo esperaba mi turno con impaciencia. Al fin, Drea se apartó y pensé que ya me tocaba a mí. Pero, con las manos en los hombros de Alexa, mirándola fijamente, Drea preguntó: «Alexa, cuando te preparabas para sacar, tu equipo perdía nueve a doce. Al acabar, tu equipo estaba por delante, trece a doce, y acabó ganando el partido. ¿Qué sentiste al sacar?»

Puse los ojos en blanco y pensé: ¡Para ya de hablar y déjame celebrarlo! Pero, luego, me di cuenta de algo que no había visto nunca antes. Los ojos de Alexa empezaron a resplandecer, literalmente. Respondió: «Papá, sabes cómo he odiado entrenar durante este verano, cómo me ha frustrado no tener un buen servicio y que incluso pensé en dejar el voleibol. Pero esta noche, al sacar y ver la parábola de la pelota, sabía que no iba a haber forma de que la devolvieran. ¡Me he metido de lleno en el juego y ha sido maravilloso! ¡Estoy tan feliz por mi equipo!»

En ese momento me di cuenta del poder de activar una Motivación Óptima en otra persona. Muy sabiamente, Drea primero puso en práctica la habilidad de la motivación para sí mismo. Gracias a una autorregulación de calidad alta, logró que lo importante en aquel momento fuera Alexa y lo que había vivido, no la experiencia de Drea. ¿Qué habría ocurrido si yo hubiera llegado primero? Me encanta dar rienda suelta a las emociones y celebrarlo. La conversación se habría centrado en mí: mi emoción, mi placer y mi interpretación de lo que acababa de pasar. Habría necesitado reflexionar y preguntarme: *¿Por qué estás emocionada? ¿De quién es la experiencia que estás celebrando?*

Si hubiera llegado primero, habría socavado las necesidades psicológicas de Alexa para satisfacer las mías. Drea, en cambio, se autorreguló y actuó movido por el amor a su hija. En aquel momento, le dio un regalo inestimable.

Al preguntar a Alexa cómo se sentía, le dio el regalo de la *autonomía*: tuvo la oportunidad de reflexionar sobre su interpretación de lo que había ocurrido y escoger cómo lo recordaría.

También le dio el regalo de las *relaciones personales*: obviamente, se preocupó más de Alexa que de su propia necesidad de expresar sus emociones. Y le dio la oportunidad de relacionar su actuación con el resto del equipo. Se dio cuenta de que estaba contenta no solo por haber ganado, sino por haber contribuido al éxito del equipo.

Por último, Drea le dio el regalo de la *competencia*: por primera vez en su adolescencia, creo que Alexa ligó el trabajo duro con los resultados, el esfuerzo con la recompensa. Se sintió al mando de la situación. En el futuro, será capaz de recordar y disfrutar aquella sensación de competencia.

Su padre creó una burbuja de tranquilidad en un ambiente en el que era fácil pensar que la experiencia solo consistía en haber ganado. Alexa reflexionó y se regocijó de una manera mucho más profunda y honda. No quiero ser malinterpretada: sintió alegría, pero las razones por las que se sintió alegre fueron otras. La interacción entre el padre y la hija reforzó el poder de la Motivación Óptima, pero la lección es válida para cualquier entorno laboral.

## La esencia de la promesa de la Motivación Óptima

La gran ironía del liderazgo es que motivar a las personas no funciona porque ya están motivadas. Siempre estamos motivados. Lo que funciona es comprender *por qué* estamos motivados. Tienes la oportunidad de ayudar a los demás para que adopten una actitud motivacional óptima, y crezcan y tengan éxito. Cuanto tú activas tu propia Motivación Óptima, eres más que un modelo: creas un efecto dominó que fomenta la Motivación Óptima de los demás.

Imagina que las personas escogen ir a trabajar porque les produce una sensación de bienestar, porque sienten que están contribuyendo a algo más grande que ellos mismos y les emociona crecer y aprender. *Las personas pueden crecer y tener éxito. Esta es la promesa de la Motivación Óptima.*

# • Epílogo de Ken Blanchard

**No me cabe ninguna** duda de que las ideas que has leído en este libro te ayudarán a liderar de una manera diferente. Pero tengo una pregunta importante: ¿estás motivado para liderar? ¡Ja! Sé que es una pregunta tonta, así que déjame reformularla: ¿*Por qué* estás motivado para liderar?

Estoy totalmente convencido de que el buen liderazgo proviene del corazón: el corazón de un líder con vocación de servicio. El liderazgo con vocación de servicio es imposible si lideras con una actitud motivacional subóptima.

Si lideras con una actitud motivacional indiferente, no estarás liderando a nadie. Si lideras con una actitud motivacional externa, centrado en aumentar el valor de la empresa o el tuyo propio, estarás mirando el marcador y te perderás la parte más importante del partido que es la que garantiza un éxito duradero, es decir, ayudar a tus empleados a que crezcan. Si lideras con una actitud motivacional impuesta, tu tristeza se convertirá en la tristeza de los demás, lo cual tiene como resultado la tristeza del cliente.

Por otro lado, una actitud motivacional óptima produce un efecto dominó positivo siempre y cuando no permitas que tu propio entusiasmo imponga valores o ideas a los demás. Debate sobre lo que has aprendido y ten la esperanza de comportarte de forma diferente. Si eres un líder situacional, entabla conversaciones de concordancia en las que tú y tus subordinados acordéis las metas. Luego, promueve conversaciones de actitud haciendo la pregunta esencial: *¿Por qué* estás motivado para lograr este objetivo? Como has descubierto, llegar a una meta es una experiencia muy diferente si tienes una actitud motivacional óptima o una subóptima. Si comprendes la actitud que tienen tus empleados, podrás dirigirlos correctamente y apoyarlos para alcanzar y mantener una competencia e implicación de primer nivel.

Los líderes con vocación de servicio y los mejores líderes situacionales tienen una Motivación Óptima. Encuentran sentido al alinear sus decisiones y acciones de liderazgo con los valores que han desarrollado. Integran en su trabajo un propósito noble. Les alegra de manera inherente influir positivamente en las vidas de los demás y contribuir a la sociedad. Tú marcas la diferencia como líder. ¿Qué tipo de diferencia? Si aplicas las ideas de este libro, tendrás muchas más posibilidades de ser un líder con vocación de servicio en lugar de un líder que lidera en su propio beneficio.

El Salón de la Fama de Amazon ha incorporado recientemente a Ken Blanchard como uno de los veinticinco autores más destacados de todos los tiempos. Él y Susan han escrito tres libros juntos.[1]

# • Anexo:
# Maestros de la Motivación

**Piensa en el mejor** jefe que hayas tenido nunca. ¿Quién te viene a la mente? Es muy probable que quien recuerdes tenga muchas cosas en común con los líderes que describo en esta sección: todos ellos se caracterizan por tener un enfoque del liderazgo acorde con el mindfulness que se basa en valores profundos y un propósito noble. Verás que algunos de estos maestros pusieron en práctica, instintivamente, ciertas de las ideas de este libro. Otros las aplicaron con plena conciencia de ellas. Y dos de ellos concibieron una ciencia con la esencia de estas ideas. Desde hace más de quince años he sido testigo de cómo estos Maestros de la Motivación creaban entornos laborales en los que las personas crecían y, en consecuencia, veían crecer a sus clientes y beneficios.

Me imagino, dentro de una década, a un joven líder incipiente leyendo la quinta edición de este libro. Mi sueño es que cuando responda la pregunta de quién fue el mejor jefe que ha tenido, quien le venga a la mente seas tú. Espero que aplicando las ideas que he descrito en este libro te conviertas en el Maestro de la Motivación de otras personas.

## Phil Jackson
## Métodos especiales, resultados especiales

Phil Jackson es el presidente del equipo de baloncesto de los New York Knicks. Cuando dejó su jubilación autoimpuesta como entrenador para aceptar la presidencia de los Knicks con un contrato de cinco años por 60 millones de dólares, gran parte de la prensa lo describió como una forma de adquirir más dinero y poder. Después de todo, ¿qué otra cosa podría apartar a aquel hombre de sesenta y ocho años de su familia y su novia en la Costa Oeste para llevarlo al bullicio de Nueva York?

Pero un conocimiento más profundo de la forma de entender la vida y el trabajo que tiene Phil nos daría unas razones diferentes a las que se suelen aducir. Como el entrenador que más campeonatos de la NBA ha ganado en la historia, Phil sabe cómo satisfacer las necesidades psicológicas de los demás. Ahora tiene la oportunidad de configurar y perfeccionar una organización completa a imagen de sus valores y su sensibilidad. Tendrá la autoridad para tomar decisiones clave (autonomía). Proporcionará sus valores profundos para que los Knicks logren un propósito y un significado que mejorará la vasta red del equipo para atraer talentos (relaciones personales). Y utilizará los conocimientos que ha adquirido durante cincuenta años jugando y entrenando en la NBA para crear una organización justa y ganadora (competencia).

A Phil lo han llamado de las formas más rocambolescas durante toda su carrera, algunas seguramente habrá hecho bien en olvidarlas, otras se le han quedado anticuadas, y unas pocas quizá no le desagraden del todo. Uno de estos famosos apodos fue el Maestro Zen, porque usaba la meditación y otros rituales en el vestuario. Muchos consideraban que eran métodos poco convencionales para enseñar a sus jugadores a que se autorregularan mediante el mindfulness. Y era muy importante para estos jugadores, a los que tentaban las grandes cifras, la fama y el poder, lograr ir más allá de los motivadores externos. Como decía Phil, quería que despertaran, aunque solo fuera un momento, para ver lo invisible, oír lo inaudible y acceder a unos recursos internos que les permitirían tener una experiencia de alta calidad.

Podemos llamar a Phil con el apodo que queramos, pero existen unas semejanzas impresionantes entre su forma de liderazgo y la ciencia de la motivación que describo en este libro. Debería resaltarse que Phil se muestra escéptico con respecto a muchos libros de liderazgo. Según su experiencia, pocas veces se mantienen los llamados «principios universales» de muchos de estos libros. Piensa que para que un grupo pase de una fase a otra se deben encontrar las palancas adecuadas de la fase particular por la que pasa el grupo. Y lo mismo ocurre con la motivación. No puedes motivar de forma significativa a los demás si no comprendes las palancas que determinan cómo se motivan las personas.

Después de muchos años de experiencias, Phil descubrió que las palancas de la motivación no eran las que muchos entrenadores creían. En su libro *Once anillos* explica que existen dos tipos de entrenadores: aquellos que lideran los equipos hacia la victoria y aquellos que los impulsan hacia ella. Después de trabajar con entrenadores que solo se dejaban llevar por el ego, Phil parece que se decidió por la primera opción.[1] Lo contrario de dejarte llevar por los resultados es crear un entorno laboral en el que las personas no deben emplear su energía preciosa para gestionar presiones externas que inhiben sus recursos internos.

Gracias a este análisis creativo de lo que motiva verdadera y profundamente a las personas, Phil descubrió nuevas alternativas para que las personas triunfaran. Muchos de sus jugadores consideraron sus tácticas extravagantes, pero las aceptaron. Ahora, la ciencia de la motivación aclara por qué su forma de trabajar le ayudó a ganar seis campeonatos con Chicago y cinco con Los Ángeles. El mundo del deporte profesional, en el que hay mucho en juego, está lleno de distracciones que pueden alejar a los deportistas de lo que de verdad es importante en su trabajo y en sus vidas. Phil siempre ha estado más interesado en que sus jugadores se concentren en la asistencia que tiene como resultado una canasta, y no en la canasta en sí.

El éxito de Phil Jackson nos recuerda por qué es importante centrarnos en lo esencial de nuestro trabajo como líderes. En palabras de Phil, «este tipo de conciencia necesita un tiempo para desarrollarse pero, una vez la has controlado, lo invisible se hace visible y el juego se revela como una historia frente a nuestros ojos».[2]

## Colleen Barrett
## El ARC emprende el vuelo

Colleen Barrett es la presidenta emérita de Southwest Airlines. *Presidenta emérita* es un título honorífico que se otorga para reconocer un servicio ejemplar. Pero Colleen es una mujer de acción, así que todavía acude a diario a las oficinas centrales de Southwest en Dallas: no porque tenga responsabilidades oficiales ni porque deba rendir cuentas de los resultados, sino porque quiere que se mantenga una cultura empresarial que ella ayudó a crear hace más de cuarenta años.

Si has volado con Southwest Airlines, sabrás que esta cultura es esencial, desde los uniformes de los empleados hasta los anuncios del personal de vuelo antes de despegar. No hace mucho, en uno de estos vuelos, la azafata preguntó por el altavoz: «¿A quién se le ha caído esta cartera?» Todos la miramos para comprobar si era la nuestra. Luego, añadió: «Perfecto, ahora que tengo su atención, por favor asegúrense de que tienen los cinturones abrochados». Los pasajeros nos pusimos a reír y prestamos atención al resto de advertencias de seguridad.

El sentido del humor es un procedimiento estándar de Southwest, pero no fue algo fácil. Requirió que Colleen y su equipo trabajaran y convencieran a la Administración de Aviación Federal y a los grupos de consumidores para que el personal de vuelo no solo cumpliera con todas las normas de seguridad que exige la ley, sino que además los pasajeros les prestaran atención. Cuando le reprocharon a Colleen que los uniformes de Southwest eran demasiado informales, replicó: «En una emergencia, ¿preferirían que el personal de vuelo fuera con ropa cómoda y zapatillas o con tacones altos y medias de nylon?»

La dirección de Colleen en Southwest significó una lucha diaria contra la burocracia. La verdadera batalla era por la autonomía de sus trabajadores. Mientras cumplieran con las normas de seguridad, ella defendería su libertad creativa. Nunca creyó que debieran dejar su personalidad en el coche, enfundarse un uniforme y caminar, hablar y cacarear como gallinas. «Les explicaba a mis trabajadores que los había contratado por lo que son. Contratamos a personas diferentes por razones diferentes y deben aunar sus esfuerzos. Creo que Southwest se ha beneficiado de la diversidad de individuos que son ellos mismos y que luego actúan en conjunto como un equipo.»

En Southwest se aprovecha todo el poder del ARC. La autonomía por la que luchó Colleen demostraba una confianza en la competencia de sus trabajadores para que tomaran decisiones y trabajaran eficazmente. Al defender su autonomía y confiar en su competencia, los trabajadores podían disfrutar más de sus relaciones personales.

Colleen llega incluso a llamarlo amor. Sabe que *amor* no es una palabra muy usual en el mundo corporativo, pero insiste en que el amor es real en Southwest Airlines. Como presidenta, demuestra su amor con una sinceridad directa. Esto no significa que sea blanda: ama lo bastante a sus trabajadores como para decirles la verdad cuando su rendimiento no cumple las expectativas o cuando han decepcionado a un cliente. Incluso ha despedido a clientes. Por ejemplo, aceptando que todos los esfuerzos y buenas intenciones de Southwest no podían satisfacer a una mujer en particular, Colleen le deseó buen viaje con una aerolínea de la competencia.

Colleen insiste: «Los líderes deben demostrar que se preocupan de su entorno dedicando más tiempo a las relaciones personales con sus trabajadores. Me tomé seriamente mi posición como líder y, sin duda, no me quedaba mucho tiempo para dormir. Pero siempre sentí que el tiempo que dedicaba a comunicarme con los empleados, a celebrar algo con ellos, o a reconocerles su trabajo escribiéndoles notas personales, llamándolos u organizando reuniones, era un tiempo que merecía la pena».

En su jubilación, Colleen sigue demostrando su amor con su dedicación y se relaciona activa y diariamente con empleados, jubilados, clientes y socios empresariales. El éxito de Southwest Airlines es una prueba irrebatible de que la cultura de autonomía, relaciones personales y competencia funcionaba antes y sigue dando alas a la compañía hoy en día.

## Mike Easley
## Un CEO que no se queda en la superficie

Mike Easley es el CEO de Powder River Energy Corporation (PREcorp) en Gillette (Wyoming). Hablamos del Salvaje Oeste. PREcorp es una cooperativa que lleva electricidad a áreas rurales demasiado remotas para interesar a las compañías públicas. En los dos últimos años, Mike y su equipo han concebido un modelo de ejecución estratégica que ha producido un 20 por ciento de ganancias a los miembros de lo cooperativa. Si le preguntas a Mike cómo ha conseguido este éxito en el duro mundo de la electricidad, la energía y de los vaqueros que instalan las líneas de tensión y el tendido eléctrico, seguramente te sorprenderá la respuesta.

Mike llegó a un punto de inflexión de su carrera en 2011 cuando pensó en dejar PREcorp y se puso a buscar trabajo. Pero no encontró ninguno y cayó en una depresión. En ese momento, le pidieron que tocara música en el servicio religioso de la residencia de ancianos local, algo que ya había hecho en el pasado. Una noche, el párroco no logró llegar a tiempo, así que Mike se vio dirigiendo la ceremonia, rezando con los feligreses y tocando la guitarra. Fue un momento que le cambió la vida. Sintió una conexión significativa con cada uno de los asistentes y con la música. Contribuir al bienestar de los demás le produjo una profunda alegría.

Mike adoptó las ideas de este libro sin haberlo leído. Su equipo de liderazgo asistió a las pruebas beta cuando estábamos desarrollando las ideas de la Motivación Óptima con talleres. Aquella noche en la residencia de ancianos, Mike se dio cuenta de lo mucho que necesitaba satisfacer sus relaciones personales. Se propuso visitar la residencia una vez por semana. Comenzó por abrirse, lo cual tuvo un efecto positivo en todo lo demás: su música, su canto, su compasión y su empatía con los demás. Empezó a poner en duda su personalidad introvertida y vio cómo las palabras fluían más libremente. Se dio cuenta de que era un solo Mike, no una serie de Mikes compartimentados: uno en casa, otro en el trabajo, otro cuando tocaba música a gente mayor. Estaba ansioso por mejorar sus relaciones personales. Quería sentir en todos los aspectos de su vida la misma alegría que sentía en la residencia.

Se dio cuenta de que se había puesto a buscar trabajo porque necesitaba satisfacer sus relaciones personales. Como CEO de PREcorp tenía autonomía. Con todos sus años de experiencia, tenía competencia. No necesitaba otro trabajo: lo que necesitaba era sentir que sus relaciones personales en PREcorp eran satisfactorias.

Así que dirigió su energía a la empresa que había estado a punto de dejar y puso en práctica un proceso de visualización. Les mostró un vídeo a sus empleados sobre el papel que había desempeñado Powder River Energy en sus vidas y en la comunidad. Trabajó con la junta para cambiar el papel que tenía que desempeñar, y transfirió casi la totalidad de sus tareas a un nuevo COO para que él pudiera dedicarse a crear una nueva cultura. Mike quería que todos los demás pudieran satisfacer sus relaciones personales en la oficina.

Gracias a los resultados sobresalientes de PREcorp, el equipo de Mike está formando a cientos de cooperativas energéticas de Estados Unidos para que apliquen el nuevo sistema de ejecución estratégica. Su intención es que todo el sector se fortalezca. Mike sigue reflexionando sobre este cambio personal: «Quiero estar en paz y seguir creciendo de forma positiva. Creo que los líderes deben desarrollar las habilidades que quieren que tengan sus empleados y compañeros. No sé de qué otra forma podrías ser un líder al que mereciera la pena seguir. Pero, si quieres liderar a los demás, primero tienes que liderarte a ti mismo. Al final de mi carrera, no quiero mirar atrás y ver que he dejado destrozos.

»Motivar a las personas no funciona, sino que debe crearse un estado mental. Quiero mirar al futuro y ver que he dejado el legado de un Mike más amable, alegre y simpático, que apoya a los demás para que triunfen. Si voy a ser un líder con vocación de servicio, debo llevar el amor que encontré en la residencia de ancianos a todos los Mikes que soy: para ser un ser humano integrado en todos los ámbitos de mi vida.»

## Billy Yamaguchi
## Liderar con estilo

Billy Yamaguchi es copropietario de los Salones Yamaguchi. Disfruté mucho de su libro, *Feng Shui Beauty*,[3] pero me preguntaba qué podría decir un estilista famoso, que trabaja con actrices como Jennifer Aniston, si lo invitábamos a una presentación de Angel Faces llena de jovencitas. Eran unas jovencitas que estaban traumatizadas o desfiguradas debido a trágicas quemaduras. Queríamos alejarnos totalmente de la idea de belleza de Hollywood para centrarnos en la belleza interior de estas chicas.

Durante toda la tarde desplegó su magia con ellas y nos conquistó a todos con frases como esta: «Es muy importante que seáis dueñas de vosotras mismas porque muchas personas no reconocen la belleza que hay en su interior». Enfatizó en la idea de conectar con el yo interior y reflejarlo en el exterior. Fue una revelación. La profunda alegría de Billy al servir a sus clientes era evidente, ya fueran famosas o jóvenes con unas cicatrices terribles. Billy demostró ser un Maestro de la Motivación cuando se trataba de hacer resurgir la belleza interior de sus clientes.

Pero nos confesó que se sentía menos seguro cuando debía motivar al personal de su salón. Aunque uno de sus salones fue considerado uno de los cinco mejores de California, y también como una de las mejores veinticinco razones para visitar California, a Billy todavía le costaba entender por qué un estilista no se entusiasmaba creando a su propia clientela o aprovechando las ventajas que tenía para crecer, aprender y mejorar. Le sorprendía enormemente que un estilista no reflejara su entusiasmo y su ética laboral.

Igual que muchos líderes o emprendedores de éxito, Billy daba por hecho que sus trabajadores estaban tan motivados como él, y por las mismas razones. Intentó transmitir sus valores y propósitos a los demás. Sin embargo, cuando no obtuvo el resultado que esperaba, comenzó a explorar alternativas a las tácticas tradicionales de motivación.

Entonces descubrió por qué motivar a las personas no funciona. Ya están motivadas, pero gracias a *sus propios* valores y propósitos, no a los de los demás. No les motivan las recompensas externas ni el miedo a perder su trabajo. Así que Billy y su equipo decidieron hacer las cosas de forma diferente. Irónicamente, Billy empezó a poner en práctica con su personal lo que hacía a la perfección con sus clientes: sacar lo mejor que llevaban dentro y expresarlo exteriormente. En palabras de Billy: «Dedicamos tiempo a trabajar con los empleados, a ayudarles a desarrollar sus propios valores y propósitos en el entorno laboral. Ahora, cuando les pedimos algo, como asistir a un curso de formación, probar una nueva técnica estilística o ayudarnos para que crezca la empresa, también entablamos conversaciones de actitud para preguntarles si lo que les pedimos concuerda con sus valores y propósitos y cómo. Facilitamos que cambien de una actitud subóptima a una óptima. Les ayudamos a no olvidar por qué acuden a trabajar cada día.

»Los empleados están más satisfechos con su trabajo y los clientes notan la diferencia. La bonificación añadida es la energía renovada que sentimos mi equipo y yo. Siempre me ha encantado cuidar a mis clientes. Ahora disfruto sacando lo mejor tanto de mis clientes como de mis trabajadores.»

## Garry Ridge
## Una fórmula especial para el éxito

Garry Ridge es el presidente y CEO de la WD-40 Company. Si le preguntas a Garry cómo va la empresa, no perderá ni un segundo en decirte que su porcentaje de implicación laboral es del 93,8 por ciento, tres veces la media nacional. Los índices de fidelidad de sus trabajadores son igual de altos. Su capitalización bursátil ha crecido de los 200 millones de dólares a los 1.200, y ha superado de largo el rendimiento del Russell 2000 y de S&P en los últimos diez años. La marca está más fuerte que nunca.

Si le preguntas cómo han logrado estos resultados sobresalientes, responderá tan suavemente como el lubricante industrial WD-40. Está convencido de que el éxito se debe a una cultura de pertenencia, y puntualiza rápidamente que esto no tiene nada que ver con lo «cumbayá». La pertenencia, explica, es un equilibrio entre ser duro y ser tierno. En este punto intermedio las personas se sienten seguras y dan lo mejor de sí mismas.

La respuesta más común (el 98 por ciento de ellas) al cuestionario que llevó a cabo la empresa sobre la implicación de sus empleados fue: «En la empresa WD-40 me tratan con respeto y dignidad». Pero, ¿cómo demuestran respeto Garry y su equipo? La fórmula para el éxito de WD-40 puede que sea un secreto, pero Garry no oculta cómo ha logrado el éxito en su empresa. Resalta tres prácticas importantes.

«La primera es dedicar tiempo. La única cosa que un líder puede dar y que nunca le pueden quitar es el tiempo. Envías un mensaje muy poderoso a los demás cuando dices: "Quiero dedicarte tiempo porque me importas. No quiero nada malo para ti". Hay una conexión entre cuidar a los demás y ser sincero con ellos. Me preocupo tanto por ti que te digo francamente cómo puedes crecer. Me preocupo tanto por ti que te ayudo a ser tu próxima mejor versión de ti mismo.

»La segunda práctica es ayudar a los demás a pasar del miedo a la libertad. Hemos eliminado uno de los mayores miedos que tenemos: el miedo al fracaso. En WD-40, las personas no fracasan, sino que tienen momentos de aprendizaje: un resultado positivo o negativo de cualquier situación que se debe compartir abierta y libremente con todos los demás. Nos encantan los momentos de aprendizaje.

»La tercera práctica es ayudar a nuestros empleados a valorar los valores. En lugar de imponérselos, les invitamos a desarrollar sus propios valores tomando los de la empresa como modelo. Las conversaciones de valores son frecuentes. Los directores comparten la perspectiva de su liderazgo explicando cómo sus valores determinan sus decisiones, sus acciones y su forma de entender el liderazgo. Cuando los empleados se dan cuenta de que actuar a partir de los valores de la empresa les hace sentir bien, empiezan a desarrollar los suyos, que concuerdan con los nuestros.»

La visión empresarial de Garry fomenta un entorno en el que es más fácil autorregularse. Nadie debe malgastar energía emocional en una autorregulación de calidad baja para satisfacer sus necesidades psicológicas. Ya sea por accidente o a propósito, Garry pone en práctica el poder interconectado del ARC. Las personas son autónomas dentro de unos límites y expectativas justos y definidos. Sus relaciones personales son buenas gracias a una cultura de pertenencia. Y se dan cuenta de que su competencia no para de crecer gracias a momentos de aprendizaje que les animan a probar cosas nuevas, a pedir ayuda y a aprender de sus experiencias.

«No existe nada parecido a una única motivación. Cada uno escoge la suya. El trabajo de un líder es crear un entorno que nos facilite escoger una Motivación Óptima. Se requiere tiempo para organizar un campo de juego seguro donde las personas pasan del miedo a la libertad, están protegidas por valores y les inspira una visión. Nuestro verdadero trabajo es ayudar a los demás a ser la próxima mejor versión de sí mismos. No hay nada mejor a lo que dedicar el tiempo», concluye Garry.

## Doctora Beth Scalone
## Aplicar un liderazgo saludable

La doctora Beth Scalone es la propietaria del Centro Terapéutico Piscinas y Deportes de North County. Elogiaría sus habilidades para motivar únicamente basándome en la experiencia que hemos tenido mi marido y yo como clientes del centro. Oh, si la doctora Scalone hablara... Pero la historia que de verdad merece la pena compartir es cómo desempeña su liderazgo en un pequeño negocio que regenta ella sola.

Recomendé a Beth a un compañero que sufría deterioro muscular por haber estado expuesto al agente naranja durante la guerra de Vietnam. Por problemas de horario, Beth tuvo que asignar a Dick a una de sus ayudantes, Kathleen. Durante varias semanas, Dick me estuvo llamando y dándome las gracias profusamente: «¡Kathleen me ha cambiado la vida! He hecho terapia física durante años, de forma irregular, pero esta es la primera vez que ha cambiado algo de verdad. Casi no podía andar al llegar, y ahora casi tengo movilidad total en la pierna derecha. Es como un milagro».

Otro milagro es cómo Beth motiva a sus empleados para que emulen y muestren sus valores de excelencia y calidad en el cuidado. Aunque la nombraron Terapeuta Acuática Profesional del año en 2012, confiesa que existe una gran diferencia entre ser una buena terapeuta y ser una buena líder de terapeutas.

«He aprendido a trabajar con mis clientes ayudándoles a dejar atrás el miedo y la ira después de un accidente, a romper barreras culturales, a comunicarse con distintos tipos de persona y a saber confiar en un entorno médico que puede ser totalmente desquiciante. Soy paciente con mis clientes, pero no suelo sobreproteger a mis empleados. Como directora, mi lema es: "Disfruta, aguanta y ponte a ello".»

Así que, ¿cómo ha conseguido esta líder racional una plantilla de empleados dedicados y permanente que tiene tantos seguidores?

- *Beth te dirá que es ella quien los contrata.* Forma parte de su trabajo. Beth tiene una escala de valores tan clara, unos propósitos definidos y una férrea ética laboral, de modo que los candidatos saben enseguida si encajan o no. Quienes se unen a la familia sienten que los aceptan como personas desde el primer momento.

- *Los empleados de Beth te dirán que ella inspira respeto.* ¿Cómo? Ryann, fisioterapeuta, nos lo explica: «Es la mejor en lo que hace. Siempre está ocupada y trabaja todas las horas. Y, aun así, presta atención, se da cuenta de lo que hago o no hago, lo cual es una manera de dirigirme, pero también me da una información que me hace ser mejor fisioterapeuta y tratar mejor a los clientes. No nos elogia mucho, pero sé cuándo lo he hecho bien porque enseguida me dice que acaba de aprender algo observándome, o me comenta cómo ha mejorado uno de mis clientes. ¿Conoces esa película sobre el cerdito, *Babe*, que quiso convencer al resto de animales de la granja y al granjero? Me da la impresión de que Beth es como el granjero Hoggett que está a mi lado y dice: "Eso está bien, cerdito". Es un reconocimiento austero y poderoso de que soy bueno en lo que hago».

Me parece increíble que los líderes que ayudan a los empleados a que respeten su propia competencia se ganan el respeto de estos mismos empleados.

- *Beth comprende que el poder genera más poder cuando se comparte.* Todos los fisioterapeutas que trabajan con Beth tienen la capacidad de hacer lo que haga falta para satisfacer las necesidades de los clientes, cumplir con las exigencias de los seguros médicos y mantener la clínica a toda marcha. Les anima a que le digan cuándo ella misma se ha comportado por debajo de las expectativas como directora. Incluso Beth y el encargado han acordado un código para evitar que algunas de sus acciones puedan deteriorar la autonomía, las relaciones personales y la competencia de los demás.

Beth admite: «Al acabar el día, es una cura de humildad como propietaria darte cuenta de que cuando das a los demás la libertad para hacer un buen trabajo, lo harán. ¡Me hacen quedar bien!»

## Matt Manion
## Buen líder, buen pastor

Matt Manion es presidente y CEO del Instituto de Liderazgo Católico (CLI, por sus siglas en inglés). Cuando Matt habla del CLI, es difícil no contagiarse con sus propósitos y su espíritu. La misión del CLI es reforzar la identidad, el ministerio y la fraternidad de los curas gracias a un plan de estudios de liderazgo único e integrado: el único de este tipo que ofrece la Iglesia de Estados Unidos.

El CLI adoptó tempranamente el modelo del Espectro de la Motivación. Según Matt, la razón por la que los estudios de veintidós meses de su organización están dedicados al autoliderazgo y al desarrollo personal es que los curas no pueden dar lo que no tienen. «Los curas deben ser un instrumento del Evangelio. Si están rotos por dentro, si no pueden autorregularse, si no son conscientes de sus propias emociones y necesidades, es muy difícil que puedan satisfacer las necesidades de los demás.»

Matt explica que los curas deben enfrentarse al reto de un número cada vez menor de clérigos y a circunstancias complejas como el agrupamiento de parroquias que puede triplicar las responsabilidades de cada cura. «Los curas no solo deben superar las dificultades de crear y fomentar una comunidad católica efervescente y auténtica, sino que también deben soportar unas expectativas mucho más altas que los trabajadores de otros sectores. La presión y la exigencia de su posición les dificulta representar las prácticas espirituales que definen la razón por la que decidieron ser curas. A menudo sienten que no están cumpliendo con nadie, ni siquiera con ellos mismos.»

Aprender a cambiar su actitud motivacional es una parte esencial de su aprendizaje. Es fácil sabotear sus propias necesidades psicológicas cuando les exigen tanto a su alrededor. A veces, olvidan que tienen autonomía, aunque la estructura de la iglesia la fomente. A veces, necesitan un recordatorio sobre cuál es su propósito, su relación profunda con los feligreses y su relación íntima con Cristo. Las exigencias del mando perjudican su sensación de competencia. No obstante, cuando superan el programa Buenos Líderes, Buenos Pastores, adquieren las habilidades necesarias para dirigir eficazmente y mejorar su sensación de competencia.

Desde el primer día de su experiencia de veintidós meses, los curas aplican mecanismos para cambiar su actitud motivacional. Ponen en práctica los MVP de la autorregulación, empezando con el mindfulness: reconocer sus sentimientos y emociones cuando dirigen lo que sería una empresa de tamaño medio. Cuestionan valores potencialmente prestablecidos y dedican tiempo a reflexionar sobre los valores que desarrollan ellos mismos. Articulan declaraciones sobre el propósito que tienen como líderes. Se fijan metas significativas que concuerdan con las metas de la parroquia y las expectativas de la iglesia y el obispo. Descubren sus diferentes tipos de personalidad, sus patrones de conducta naturales y la razón por la que unas actividades requieren más energía que otras.

Gracias a Buenos Líderes, Buenos Pastores, más de dos mil curas están aprendiendo a cambiar de una actitud motivacional subóptima a una óptima. Este cambio minimiza la frustración y la energía que suponen las tareas administrativas y maximiza la alegría y el tiempo que dedican a los deberes pastorales, para los que han sido ordenados específicamente. Matt explica que los curas llegan a darse cuenta de que es importante no solo hacer las cosas, sino preguntarse por qué las hacen. «Los curas se sienten renovados. En última instancia, gracias al mindfulness, los valores y el propósito que configura su fe, llegan a la conclusión de que deben hacer de este mundo el reino de los cielos.»

## Margie Blanchard
## Fomentar las buenas intenciones

Margie Blanchard es la cofundadora de Ken Blanchard Companies. Hace años, siendo presidenta de la empresa, Margie fue una feroz defensora de las reuniones cara a cara, formales y regulares, entre los directores y los empleados para mejorar sus relaciones y fomentar los programas abanderados de la empresa, Liderazgo Situacional II y Autoliderazgo Situacional. Con timidez, Margie explica lo que le costó lograr que las reuniones cara a cara fueran una parte integral de la cultura empresarial: «Tuvimos que pagar a los directores para hacerlas. Les ofrecimos 200 dólares por cada empleado con quien se reunían cada dos semanas. No me enorgullece admitirlo, pero sí que me produce orgullo que hoy en día estas conversaciones sean un elemento central de nuestra cultura porque todos las valoran».

Déjame aclarar rápidamente que la táctica de Margie no funcionó porque pagara dinero, sino porque presentó su propuesta de manera que los trabajadores pudieron considerarla desde una actitud motivacional óptima. Les explicó: «Creemos que esta práctica es tan vital para fomentar las relaciones personales, resaltar nuestros valores y ser un modelo para nuestros clientes que estoy dispuesta a pagaros durante un año. Después de este año, confío en que el valor de la práctica hablará por sí solo». Yo, que fui testigo de todo el proceso, puedo asegurar que es exactamente lo que pasó.

Margie recomienda que, si es necesario adular para que los demás hagan lo que les conviene, es necesario plantear bien la propuesta.

- Céntrate en la conducta que quieres generar.

- Demuestra que comprendes que puede ser un impacto para la vida de los demás.

- Y, quizá lo más importante, recuérdales que la recompensa no es una zanahoria, sino la prueba de lo mucho que crees que les va a beneficiar esta conducta.

No ofrezcas dinero como recompensa, sino como una forma de hacerles entender lo importante que es una conducta, objetivo o actividad para ellos mismos y para la empresa.

Margie añade: «Hoy en día, en lugar de recompensar a los empleados por hacer lo que necesita la empresa, tendemos a reunirnos con los directores para entablar conversaciones de actitud motivacional. Una buena conversación es una alternativa sana a sobornarlos con zanahorias».

## Scott Rigby, Richard Ryan y Edward Deci
## Jugar con un propósito

Scott Rigby, Richard Ryan y Edward Deci son los cofundadores de Immersyve. Se dedican a estudiar y aplicar la ciencia de la motivación en los ámbitos del juego, la educación, la conducta organizativa y la atención médica.

Ed y Rich, los fundadores de la Teoría de la Autodeterminación, tal vez son los investigadores de la motivación más prominentes del mundo. Así que, ¿por qué se interesan en los juegos y cómo se relacionan estos con el liderazgo?

Para empezar, si no juegas a ningún juego interactivo o por Internet, es que formas parte de una minoría. En Estados Unidos, los juegos generan casi el doble de ingresos que las películas.[4] El juego más vendido, World of Warcraft, ha logrado unos beneficios de más de 10.000 millones de dólares, lo cual hace palidecer la película más rentable de todos los tiempos, *Avatar*, con 3.000 millones de beneficios. Según Rich: «Los juegos tienen un tirón motivacional increíble. Cuanto mejor entendamos la estructura psicológica que sustenta el amor de las personas por los videojuegos, mejor podremos aprovechar esta energía para mejorar la educación, la formación y el desarrollo de las habilidades sociales y de liderazgo».

Una cuestión que cada vez interesa más a los líderes es el fenómeno creciente de la «ludificación». No es sorprendente que se

haya hecho popular en los departamentos de ventas que tradicio-
nalmente utilizan incentivos externos para mejorar las ventas,
porque creen que a la mayoría de los vendedores les motiva el
dinero, los viajes y ganar. Pero, irónicamente, los departamentos
de recursos humanos también han prestado atención a la ludificación porque su objetivo es mejorar la salud y el bienestar de los
empleados. De hecho, las empresas están respaldando la ludificación porque promueve un rendimiento más efectivo. Pero los ex-
pertos de Immersyve alertan contra la implementación de estas
estrategias sin tener en cuenta la ciencia de la motivación, especialmente las ideas que he presentado en este libro y que se basan
en la teoría de la autodeterminación.

Respecto a la ludificación, Scott señala: «Muchas empresas se
dejan llevar demasiado rápidamente por la ludificación y come-
ten el error de confundir la *táctica* de la mecánica de los juegos
con el *objetivo*. Convierten las webs internas de ventas o de recursos humanos en juegos o concursos que a menudo producen
decisiones erróneas que recompensan o premian algunas experiencias. Estas tácticas no producen una motivación duradera ni
fomentan valores; al contrario, pueden deteriorar las relaciones
entre los empleados porque transmiten el mensaje de que los
valores residen en los premios y los puntos, en lugar de en el
propósito de la empresa o en la salud de los empleados».

Scott, Rich y Ed nos dan dos consejos clave si estamos consi-
derando los juegos y los concursos para motivar a nuestros empleados:

- *Para crear una estrategia lúdica no empieces con el objetivo.*
  Comienza intentando crear un vehículo en el que los empleados
  encuentren Motivación Óptima y una implicación duradera. En
  palabras de Scott: «Una aplicación concienzuda del diseño lúdi-
  co puede ayudar a satisfacer las necesidades psicológicas de au-

tonomía, relaciones personales y competencia. Comprender la naturaleza de la motivación humana es esencial para comunicar a los empleados que la empresa y lo que ofrece consiste en sus valores, y no en los premios y el confeti».

- *Piensa en una oposición de recompensa frente a motivación.* Los dos conceptos son muy diferentes e incluso pueden ser antagónicos. Las investigaciones confirman que los juegos que refuerzan el rendimiento con recompensas, en lugar de reconocer la motivación intrínseca, no generan disfrute ni inmersión (la cual aumenta la comprensión y la competencia), ni la posibilidad de que el empleado vuelva a jugar una semana después (lo cual indica una implicación y una autonomía duraderas), ni la preferencia por jugar a más juegos de un desarrollador en particular (lo cual refleja lealtad y relaciones personales).[5]

Según Ed, que llevó a cabo los primeros estudios sobre recompensas pecuniarias y motivación intrínseca, «dar recompensas como refuerzo perjudica el aprendizaje a corto plazo y la implicación a largo plazo, tanto en los juegos como en los objetivos de la empresa. No obstante, encontraremos actividades que nos recompensan intrínsecamente y nos satisfacen más cuando los elementos del juego —y los directores de la oficina— respetan, animan y respaldan nuestra autonomía, relaciones personales y competencia».

# • Preguntas frecuentes

**1. ¿Hay algún momento en el que las recompensas sean adecuadas?**

Las recompensas no son adecuadas, pero a veces puedes considerar que son necesarias. Por ejemplo, la Asociación de Aviación Federal ofrece una recompensa de 10.000 dólares a quien informe de una persona que apunte con un rayo láser a los aviones. El peligro que supone para los pilotos, los pasajeros y los civiles en tierra es demasiado grande como para ignorarlo. Es triste vender a un amigo por 10.000 dólares, pero incluso lo es más pensar que conoces a personas que ponen en peligro la vida de los demás usando un láser y no haces todo lo que puedes para evitarlo o para que dejen de hacerlo de forma voluntaria. Eso es lo correcto. Las recompensas sirven cuando las personas no tienen la autorregulación necesaria para hacer lo correcto gracias al mindfulness, los valores y un propósito noble.

**2. Necesito que mis empleados logren los objetivos y cumplan con los plazos. ¿Cómo puedo dejar claras las expectativas sin que adopten una actitud motivacional impuesta?**

Como líder, eres responsable de que los empleados logren los objetivos de la empresa. Pero tienes la facultad de configurar es-

192 ¿Por qué motivar a la gente no funciona, y qué sí?

tos objetivos —o de ayudar a los demás a configurarlos— para que sean más significativos y relevantes.

Nunca podremos liberarnos de objetivos o plazos impuestos. No obstante, se pueden presentar los plazos como datos necesarios y útiles. Podemos emplazar a los trabajadores a que los consideren como información valiosa para organizarse bien el tiempo, tomar decisiones consecuentes y determinar qué es una prioridad y qué no.

### 3. ¿Por qué te refieres a actitudes motivacionales óptimas o subóptimas en lugar de a motivación extrínseca o intrínseca?

El modelo extrínseco-intrínseco nos sirve para demostrar lo equivocados que están los esquemas motivacionales tradicionales. Sin embargo, una dualidad tan simple complica su aplicación. Si somos realistas, ¿qué porcentaje de una jornada laboral se puede atribuir a actividades puramente intrínsecas? Las últimas investigaciones indican que algunas formas de motivación extrínseca pueden proporcionar unos beneficios iguales o superiores a los de la motivación intrínseca. Se representan en el modelo del Espectro de la Motivación con las actitudes motivacionales adaptada o integrada. Al decidir adoptar una actitud motivacional óptima basada en los valores, los objetivos significativos y el propósito aprovechamos los beneficios de la motivación intrínseca, incluso si no estamos intrínsecamente motivados.

### 4. ¿Hay alguna pista en el lenguaje de los empleados para saber qué actitud motivacional tienen?

Una actitud motivacional subóptima se suele expresar con estas frases o pensamientos:

Tengo que
Debo
Debería
Me piden que
Es necesario
Porque es mi deber
Me pagan por hacer esto
Lamentaré no hacerlo
No quiero dejarte en la estacada
Tengo que cumplir las reglas
Quiero que estés orgulloso
Me da miedo decepcionarte a ti o a mí
Lo más importante son los resultados
Te lo debo a ti

Una actitud motivacional óptima se suele expresar con los siguientes pensamientos o frases:

Voy a
He decidido que
Tengo la suerte de
Escojo
Sería bueno
Soy capaz de
Tengo el placer de
Es un privilegio actuar según mis valores
Es una cuestión personal y valoro la relación
Creceré y aprenderé gracias a esto
Esto es lo que he elegido hacer
Disfruto de esto
Tengo una lógica para esto
He elegido cumplir con las reglas

Comprendo el propósito que sustenta lo que hago
Siento la alegría de contribuir a algo más grande que yo

**5. Los valores de la generación más joven me vuelven loco. Prefieren estar en Internet con los amigos que trabajando porque sus padres les pagan todo. ¿Cómo puedo motivar a esta generación?**

Si no sabes cómo motivar a esta joven generación, no desesperes. Recuerda que motivar a las personas no funciona, y no importa de qué generación hablemos. Los que nacen en la misma época suelen adoptar los mismos valores.[1] Como líder, tu papel es ayudarlos a analizar estos valores, a que desarrollen aquellos que sean significativos para ellos, entre muchos otros valores alternativos, y que comprendan las consecuencias que pueden tener a lo largo de los años.[2] Dedicar tiempo para ayudarles a desarrollar los valores facilita un cambio en la actitud motivacional porque relacionan la situación en la que están con unos valores y un propósito.

**6. ¿Por qué afirmas que los concursos no funcionan? Parece que a la gente le gusta y les llama la atención algo por lo que no tenían interés alguno antes.**

Si utilizas concursos para «motivar» a los empleados, pregúntate por qué. Si es para crear una experiencia divertida, como un carnaval, está bien. Pero si el concurso pretende llamar la atención sobre un mensaje importante o alentar ciertas conductas, supone un riesgo. Les distrae del mensaje principal porque centra la atención en el concurso o en el premio.[3] ¿Necesitas que presten atención o que se comporten de cierta manera después del concurso? Si es así, dedica tu tiempo y energía a proporcionarles una lógica basada en valores para que hagan lo que les pides. Piensa en cómo vas a satisfacer sus necesidades psicológicas de autonomía, relaciones personales y competencia cuando hagan lo que les pides. Los concursos son fáciles y rápidos, suscitan una atención inmediata. Para no crear un concurso o juego que sea comida basura motivacional, lee el libro *Glued to Games*, de Scott Rigby y Richard Ryan.[4]

**7. ¿Por qué no es buena la competencia? Los grandes deportistas, cocineros y vendedores parecen mejorar con la competencia. ¿Acaso no saca lo mejor de las personas?**

Si rascas un poco la superficie, descubrirás que para los mejores en cualquier sector la principal razón para competir tiene más que ver con su elección de dedicar tiempo y esfuerzos a una empresa particular (autonomía); a un propósito, a la camaradería y al servicio (relaciones personales); a una búsqueda de la excelencia (competencia); o a disfrutar sencillamente de lo que han decidido hacer. Puede que digan que ganar lo es todo, pero lo que de verdad quieren decir es que ganar les da información. Ganar o perder les proporciona un tablero de datos que utilizan para tomar mejores decisiones, ver cómo pueden seguir creciendo y aprendiendo, y encontrar mejores formas de servir a sus clientes, compañeros de equipo o aficionados. Incluso quienes no son superestrellas se beneficiarán si comprenden que competir no marca la diferencia, sino la razón por la que compites.

# • Notas

## Introducción

1. Kleinginna y Kleinginna, «Categorized List.»

2. Deci *et al.*, «Benefits of Giving Autonomy Support».

3. Baard, «Intrinsic Need Satisfaction»; Deci y Ryan, *Handbook of Self-Determination Research*; Gagne y Deci, «Self-Determination Theory»; y Decy y Ryan, «Facilitating Optimal Motivation».

4. Kohn, *Punished by Rewards*.

5. Murayama *et al.*, «Undermining Effect of Monetary Reward»; y Kerr, Feltz e Irwin, «To Pay or Not to Pay?»

6. Ryan, «Self-Determination Theory»; Deci y Ryan, *Handbook of Self-Determination Research*; Decy y Ryan, «Facilitating Optimal Motivation»; y Pink, *Drive*.

## Capítulo 1

1. «Beane Happy to Run A's through 2008».

2. Zigarmi *et al.*, «Employee Work Passion Model».

3. Hagger, Chatzisarantis y Harris, «Psychological Need Satisfaction».

4. Zigarmi *et al.*, «Beyond Engagement».

5. Meyer y Gagne, «Employee Engagement».

6. Zigarmi y Nimon, «A Cognitive Approach»; y Hagger, Chatzisarantis y Harris, «Psychological Need Satisfaction».

7. Nimon y Zigarmi, «Work Cognition Inventory».

8. Definición de Susan Fowler, David Facer y Drea Zigarmi.

9. Modelo del Espectro de la Motivación de Susan Fowler, David
Facer y Drea Zigarmi.

10. Moller *et al.*, «Financial Motivation Undermines Maintenance».

11. Ibíd: Kennedy, «Firms Bet Money Will Prod Employees».

12. Kovach, «Why Motivational Theories Don't Work».

13. Deci y Ryan, *Handbook of Self-Determination Research*; Deci y
Ryan, «Facilitating Optimal Motivation»; Kasser, *High Price of
Materialism*; Gagne y Deci, «Self-Determination Theory»; Mura-
yama *et al.*, «Undermining Effect of Monetary Reward»; y Kerr,
Feltz e Irwin, «To Pay or Not to Pay?»

14. Ibíd.

## Capítulo 2

1. Este es un buen ejemplo de la intersección entre el modelo del Liderazgo Situacional II y el modelo del Espectro de la Motivación.
A veces, la necesidad de autonomía de un individuo ocultará el
diagnóstico de su nivel de desarrollo. Según el LS II, el individuo
está en el nivel D1 de desarrollo, con una nivel de competencia
bajo y una implicación alta en una meta, tarea o habilidad, pero la
necesidad de «hacerlo por sí mismo», a pesar de no ser competente, le hace considerarse erróneamente en el nivel D4 de desarrollo,
con una competencia y una implicación altas.

2. Patall, Cooper y Robinson, «Effects of Choice»; y Radel *et al.*,
«Restoration Process of Autonomy».

3. Deci *et al.*, «Need Satisfaction, Motivation and Well-Being»; y Gagne y Deci, «Self-Determination Theories.»

4. Frankl, *Man's Search for Meaning*. [Hay trad. cast.: *El hombre en busca de sentido*, Herder, Barcelona, 2010.]

5. Berinato, «Shut Up Already».

6. Irwin, Feltz y Kerr, «Silence is Golden»; y Kerr, Feltz e Irwin, «To Pay or Not to Pay?»

7. Ibíd. También en una entrevista con el doctor Irwin, noviembre de 2013.

8. Fehr y Renninger, «Samaritan Paradox».

9. Christakis y Fowler, *Connected*.

10. Tay y Diener, «Needs and Subjective Well-Being»; y Milayavskaya *et al.*, «Blance Across Contexts».

## Capítulo 3

1. Ryan y Deci, «Ego Depletion to Vitality» y Deci y Ryan, «Facilitating Optimal Motivation».

2. Modelo del Espectro de la Motivación de Susan Fowler, David Facer y Drea Zigarmi.

3. Definición de Susan Fowler, David Facer y Drea Zigarmi.

4. Ayduk *et al.*, «Regulating the Interpersonal Self»; y Vohs y Baumeister, *Handbook fo Self-Regulation*.

5. Mischel, Ebbesen y Zeiss, «Cognitive and Attentional Mechanisms»; Mischel, Shoda y Rodriguez, «Delay of Gratification»; y Schlam *et al.*, «Preschooler's Delay of Gratification».

6. Kidd, Palmeri y Aslin, «Rational Snacking».

7. Gillet *et al.*, «Impact of Organizational Factors».

8. Brown y Ryan, «Benefits of Being Present»; Brown, Ryan y Creswell, «Mindfulness»; Brown y Holt, «Experiential Processing», Jenkins y Tapper, «Resisting Chocolate Temptation»; y Ryback, «Neurology of Mindfulness».

9. Hitlin y Piliavin, «Values».

10. Garfield, *Peak Performers*. [Hay trad. cast.: *Rendimiento Máximo*, Martínez Roca, Madrid, 1987.]

**Capítulo 4**

1. Ryan, Bernstein y Brown, «Weekends, Work and Well-Being».

2. Gagne *et al.*, «Temporal Analysis»; y Deci y Ryan, «Facilitating Optimal Motivation».

3. Csikszentmihalyi, *Flow*. [Hay trad. cast.: *Fluir: una psicología de la felicidad*, Kairós, Barcelona, 2010].

4. Zigarmi y Nimon, «A Cognitive Approach»; y Kotsou, Mikolajczak y Nelis, «Emotional Plasticity».

5. Page y Vella-Brodrick, «Employee Well-Being»; Deci y Ryan, *Handbook of Self-Determination Research*; y Edmonds y Zigarmi, L., *#Positivity at Work Tweet Book*.

6. Reeve, *Understanding Motivation and Emotion*. [Hay trad. cast.: *Motivación y emoción*, McGraw-Hill Interamericana de España, Madrid, 1994.]

7. A continuación, presento tres fuentes para estadísticas e investigaciones más específicas: *The Economics of Well-Being*, de Tom Rath y Jim Harter [Hay trad. cast.: *La ciencia del bienestar: los cinco elementos esenciales*, Alienta, Madrid, 2011], *Positive Intelligence* de Shawn Achor y la página web de la Teoría de la Autodeterminación en http://www.selfdeterminationtheory.org.

## Capítulo 5

1. Rock, *Your Brain at Work*. El modelo SCARF de Rock incluye el estatus como una necesidad básica de la motivación. Y, de hecho, lo es, pero para una motivación subóptima. El estatus perjudica las relaciones personales. Ryan y Deci, «From Ego Depletion to Vitality».

2. Ryan y Connell, «Perceived Locus of Casuality and Internalization».

3. Zigarmi y Roberts, «Leader Values as Predictors».

4. Los coaches de ejecutivos a menudo son prudentes al hacer la pregunta de por qué. Estoy de acuerdo en que cuando se utiliza para debatir una conducta del pasado o las intenciones del futuro con una actitud de resolver problemas, la pregunta puede suscitar una reacción defensiva. La conversación de actitud no sirve para resolver problemas o determinar la conducta, sino para indagar y comprender si las necesidades psicológicas están siendo satisfechas o no. Paradójicamente, a menudo esta comprensión básica conlleva resolver problemas y desarrollar planes de acción para el futuro, pero no es su intención original.

5. Smith y Clurman, «Generation Ageless».

## Capítulo 6

1. Kovach, «Why Motivational Theories Don't Work»; y Facer *et al.*, «Motivation Beliefs Inventory».

2. Facer *et al.*, «Motivation Beliefs Inventory».

3. Motivación Óptima de Susan Fowler, David Facer y Drea Zigarmi.

4. Zigarmi *et al.*, *Leadership-Profit Chain*.

5. Motivación Óptima de Susan Fowler, David Facer y Drea Zigarmi.

6. Entrevista con Drea Zigarmi, febrero de 2014.

7. Ibíd.

8. Motivación Óptima de Susan Fowler, David Facer y Drea Zigarmi.

9. Sheldon *et al.*, «Effects of Goal Contents and Motives».

10. Ibíd.

11. Motivación Óptima de Susan Fowler, David Facer y Drea Zigarmi.

12. Ibíd.

## Capítulo 7

1. Dweck, *Mindset*. [Hay trad. cast.: *La actitud del éxito*, Ediciones B, Barcelona, 2007.]

## Epílogo

1. Blanchard y Fowler, *Empowerment*; Blanchard, Fowler y Hawkins, *Self Leadership and the One Minute Manager* [Hay trad. cast.: *El autoliderazgo y el ejecutivo al minuto*, Ed. Granica, Barcelona, 2006]; y Blanchard *et al.*, *Leading at a Higher Level* [Hay trad. cast.: *Liderazgo al máximo nivel*, Ed. Granica, Barcelona, 2007].

## Anexo

1. Jackson, *Sacred Hoops* [Hay trad. cast.: *Canastas sagradas*, Paidotribo, Badalona, 2003.]

2. Jackson y Delahanty, *Eleven Rings*, 101. [Hay trad. cast.: *Once anillos*, Roca Editorial, Barcelona, 2014.]

3. Yamaguchi, *Feng Shui Beauty*.

4. En Estados Unidos, los juegos generaron 17.000 millones en 2011, según el NDP Group, mientras que las películas apenas llegaron a

los 9.500 millones, según The-Numbers.com. Bronkhorst, «Games vs. Movies».

5. Rigby y Ryan, *Glued to Games*.

## Preguntas frecuentes

1. Howe y Strauss, *Generations*.

2. Zigarmi, Fowler y Lyles, *Achieve Leadership Genius*.

3. Rigby y Ryan, *Glued to Games*.

4. Ibíd.

## Recursos

1. Zigarmi *et al.*, *The Leader Within*.

# • Bibliografía

Ayduk, O. N., R. Mendoza-Denton, W. Mischel, G. Downey, P. K. Peake y M. L. Rodriguez. «Regulating the Interpersonal Self: Strategic Self-Regulation for Coping with Rejection Sensitivity». *Journal of Personality and Social Psychology*, 79, n.º 5 (2000): 776-792.

Baard, Paul P. «Intrinsic Need Satisfaction in Organizations: A Motivational Basis of Success in for-Profit and Not-for-Profit Settings.» En *Handbook of Self-Determination Research*, editado por Edward L. Deci y Richard M. Ryan, 255-275. Rochester, NY: University of Rochester Press, 2002.

«Beane Happy to Run A's through 2008.» *Sports Illustrated*, 11 de noviembre de 2002.

Berinato, Scott. «If You Want to Motivate Someone, Shut Up Already.» *Harvard Business Review*, 91, n.º 7 (julio/agosto 2013): 24-25.

Blanchard, Kenneth H. *Leading at a Higher Level: Blanchard on Leadership and Creating High Performing Organizations.* Upper Saddle River, NJ: FT Press, 2009 [Hay trad. cast.: *Liderazgo al máximo nivel*, Ed. Granica, Barcelona, 2007.]

Blanchard, K. y S. Fowler-Woodring, *Empowerment: Achieving Peak Performance trhough Self-Leadership*, Blanchard Family Partnership/Successories, Inc., 1998.

Blanchard, Kenneth H., Susan Fowler y Laurence Hawkins, *Self-Leadership and The One Minute Manager: Increasing Efectiveness through Situational Self Leadership*, Nueva York, William Morrow, 2005. [Hay trad. cast.: *El autoliderazgo y el ejecutivo al minuto*, Ed. Granica, Barcelona, 2006.]

Bronkhorts, Quinton. «Games vs. Movies: Who Wins?», Business Tech, 14 de agosto de 2012, http://businesstec.com/news/general/19901/games-vs-movies-who-wins/.

Brown, Kirk W. y Melissa Holt, «Experimental Processing and the Integration of Bright and Dark Sides of the Human Psyche». En *Designing the Future of Positive Psychology: Taking Stock and Moving Forward*, editado por Kennon M. Sheldon, Todd B. Kashdan y Michael F. Steger, 147-159 Nueva York, Oxford University Press, 2011.

Brown, Kirk W., y Richard M. Ryan. «The Benefits of Being Present: Mindfulness and Its Role in Psychological Well-Being», *Journal of Personality and Social Psychology*, 84, n°4 (2003): 822-848.

Brown, Kirk W., Richard M. Ryan y J. David Creswell. «Mindfulness: Theoretical Foundations and Evidence for Its Salutary Effects», *Psychological Inquiry*, 18, n.° 4 (2007): 211-237.

Burnette, J. L., E. M. VanEpps, E. J. Finkel, E. H. O'Boyle y J. M. Pollack. «MindSets Matter: A Meta-analytic Review of Implicit Theories and Self-Regulation», *Psychological Bulletin*, 139, n.º 3 (2013): 655-701.

Christakis, Nicholas A. y James H. Fowler, *Connected: The Surprising Power of Our Social Networks and How They Shape Our Lives–How Your Friends' Friends' Friends Affect Everything You Feel, Think and Do*. Nueva York, Back Day Books, 2011. [Hay trad. cast.: *Conectados*, Taurus, Barcelona, 2009.]

Csikszentmihalyi, Mihaly. *Flow: The Pyschology of Optimal Experience*, Nueva York, Harper Perennial Modern Classics, 2008. [Hay trad. cast.: *Fluir: una psicología de la felicidad*, Kairós, Barcelona, 2010.]

Deci, E. L., J. G. La Guardia, A. C. Moller, M. J. Scheiner y R. M. Ryan. «On the Benefits of Giving as Well as Receiving Autonomy Support: Mutuality in Close Friendships.» *Personality and Social Psychology Bulletin*, 32, n.º 3 (marzo 2006): 313-327.

Deci, Edward L. y Richard M. Ryan. «Facilitating Optimal Motivation and Psychological Well-Being across Life's Domains.» *Canadian Psychology*, 49, n.º 1 (2008): 14-23.

———, eds. *Handbook of Self-Determination Research*, Rochester, NY: University of Rochester Press, 2002.

Deci, E. L., R. M. Ryan, M. Gagne, D. R. Leone, J. Usunov y B. P. Kornazheva. «Need Satisfaction, Motivation and Well-Being in the Work Organizations of a Former Eastern Bloc Country: A Cross-Cultural Study of Self-Determination.» *Personality and Social Psychology Bulletin*, 27, n.º 8 (agosto de 2001): 930-942.

Dweck, Carol. *Mindset: The New Psychology of Success*, Nueva York, Ballantine Books, 2007. [Hay trad. cast.: *La actitud del éxito*, Ediciones B, Barcelona, 2007.]

Edmonds, Chris y Lisa Zigarmi, *#Positivity at Work Tweet Book 01: 140 Bite-Sized Ideas to Help You Create a Positive Organization Where Employees Thrive*. Cupertino, CA: THINKaha, 2012.

Facer, D. C., Jr., F. Galloway, N. Inoue y D. Zigarmi. «Creation and Initial Validation of the Motivation Beliefs Inventory: Measuring Leaders' Beliefs about Employee Motivation Using Four Motivation Theories», *Journal of Business Administration Research*, 2, n.º 1 (2014): 1-18. http://www.sciedu.ca/journal/index.php/jbar/article/view/3905.

Fehr, Ernst y Suzann-Viola Renninger. «If We Live in a Dog-Eat-Dog World, Then Why Are We Frequently So Good to Each Other? The Samaritan Paradox.» *Scientific American Mind*, 14, n.º 5 (2004): 15-21.

Frankl, Viktor E. *Man's Search of Meaning*, Boston, Beacon Press, 2006. [Hay trad. cast.: *El hombre en busca de sentido*, Herder, Barcelona, 2010.]

Gagne, M., E. Chemolli, J. Forest y R. Koestner. «A Temporal Analysis of the Relation between Organizational Commitment and Work Motivation.» *Psychologica Belgica*, 48, n.º 2-3 (2008): 219-241.

Gagne, Marylene y Edward L. Deci. «Self-Determination Theory and Work Motivation.» *Journal of Organizational Behavior*, 26 (2005): 331-362.

Garfield, Charles. *Peak Performers: The New Heroes of American Business*, Nueva York, William Morrow, 1987. [Hay trad. cast.: *Rendimiento máximo*, Martínez Roca, Madrid, 1987.]

Gillet, Nicolas, Evelyne Fouquereau, Jacques Forset, Paul Brunault y Philippe Columbat. «The Impact of Organizational Factors on Psychological Needs and Their Relations with Well-Being», *Journal of Business Psychology*, 27 (2012): 437-450.

Hagger, Martin S., Nikos L. D. Chatzisarantis y Jemma Harris. «From Psychological Need Satisfaction to Intentional Behavior: Testing a Motivational Sequence in Two Behavioral Contexts.» *Personality and Social Psychology Bulletin*, 32, n.º 2 (febrero de 2006): 131-148.

Hitlin, Steven y Jane A. Piliavin. «Values: Reviving a Dormant Concept.» *Annual Review of Sociology*, 30 (2004): 359-393.

Howe, Neil y William Strauss. *Generations: The History of America's Future, 1584 to 2069*. Fort Mill, SC: Quill, 1992.

Irwin, Brandon C., Deborah L. Feltz y Norbert L. Kerr. «Silence is Golden: Effect of Encouragement in Motivating the Weak Link in an Online Exercise Video Game.» *Journal of Medical Internet Research*, 15, n.º 6 (2013): 1-10.

Jackson, Phil y Hugh Delehanty. Sacred Hoops: Spiritual Lessons of a Hardwood Warrior. Nueva York, Hyperion Books, 2006. [Hay trad. cast.: *Canastas sagradas*, Paidotribo, Badalona, 2003.]

Jackson, Phil y Hugh Delehanty, *Eleven Rings: The Soul of Success*, Nueva York, Penguin Press, 2013. [Hay trad. cast.: *Once anillos*, Roca Editorial, Barcelona, 2014.]

Jenkins, Kim T. y Katy Tapper. «Resisting Chocolate Temptation Using a Brief Mindfulness Strategy.» *British Journal of Health Psychology* (17 de mayo de 2013): 1-14.

Kasser, Tim. *The High Price of Materialism*, Chester, NJ, Bradford Book Company, 2003.

Kennedy, Kelly. «Firms Bet Money Will Prod Employees to Health.» *USA Today*, 25 de noviembre de 2011.

Kerr, Norbert L., Deborah L. Feltz y Brandon C. Irwin. «To Pay or Not to Pay? Do Extrinsic Incentives Alter the Kohler Group Motivation Gain?» *Group Processes and Intergroup Relations* (2012): 1-12.

Kidd, Celeste, Holly Palmeri y Richard N. Aslin. «Rational Snacking: Young Children's Decision-Making on the Marshmallow Task is Moderated by Beliefs about Environmental Reliability.» *Cognition*, 125, n.º 1 (2013): 109-114.

Kleinginna, Paul R., Jr., y Anne M. Kleinginna. «A Categorized List of Motivation Definitions, with Suggestion for a Consensual Definition.» *Motivation and Emotion*, 5, n.º 3 (1981): 263-291.

Kohn, Alfie. *Punished by Rewards: The Trouble with Gold Stars, Incentive Plans, A's, Praise, and Other Bribes*. Segunda edición. Boston, Mariner Books, 1999.

Kotsou, I., J. Gregoire, M. Mikolajczak y D. Nelis. «Emotional Plasticity: Conditions and Effects of Improving Emotional

Competence in Adulthood.» *American Psychological Association*, 96, n.º4 (2001): 827-839.

Kovach, Kenneth. A. «Why Motivational Theories Don't Work.» *Society of Advancement of Management*, 45, n.º 2 (primavera de 1980): 54-59.

Meyer, John P. y Marylene Gagne. «Employee Engagement from Self-Determination Theory Perspective.» *Industrial and Organizational Psychology*, 1, n.º 1 (2008): 60-62.

Milyavskaya, Marina, I. Gingras, G. Mageau, R. Koestner, H. Gagnon, J. Fang y J. Boiche. «Balance across Contexts: Importance of Balanced Need Satisfaction across Various Life Domains.» *Personal Social Psychology Bulletin*, 35, n.º 8 (2009): 1031-1045.

Mischel, Walter, Ebbe B. Ebbesen y Antonette R. Zeiss. «Cognitive and Attentional Mechanisms in Delay of Gratification.» *Journal of Personality and Social Psychology*, 21, n.º 2 (1972): 204-218.

Mischel, Walter, Yuichi Shoda y Monica L. Rodriguez. «Delay of Gratification in Children.» *Science*, 244, n.º 4907 (26 de mayo de 1989), 933-938.

Moller, A. C., H. G. McFadden, D. Hedeker y B. Spring. «Financial Motivation Undermines Maintenance in an Intensive Diet and Activity Intervention.» *Journal of Obesity*, 2012 (2012): 1-8.

Murayama, K., M. Matsumoto, K. Izuma y K. Matsumoto. «Neural Basis of the Undermining Effects of Monetary Reward on Intrinsic Motivation.» *Proceedings of the National Academy of Sciences of the United States of America*, 107, n.º 49 (octubre de 2010): 1-6.

Nimon, Kim y Drea Zigarmi. «The Work Cognition Inventory-Revised.» *Journal of Career Assessment* (pendiente de aparición).

Page, Kathryn M. y Dianne A. Vella-Brodrick. «The "What", "Why" and "How" of Empleyee Well-Being: A New Model.» *Social Indicators Research*, 90 (2009): 441-458.

Patall, Erika A., Harris Cooper y Jorgianne C. Robinson. «The Effects of Choice in Intrinsic Motivation and Related Outcomes: A Meta-analysis of Research Findings.» *Psychological Bulletin*, 134, n.º 2 (2008): 270-300.

Pink, Daniel H. *Drive: The Surprising Truth about What Motivates Us*, Nueva York, Riverhead Books, 2011. [Hay trad. cast.: *La sorprendente verdad sobre qué nos motiva*, Gestión 2000, Barcelona, 2010.]

Radel, R., P. Sarrazin, L. G. Pelletier y M. Milyavskaya. «Restoration Process of the Need for Autonomy: The Early Alarm Stage.» *Journal of Personality and Social Psychology*, 101, n.º 5 (2011): 919-934.

Reeve, Johnmarshall. *Understanding Motivation and Emotion*. 5.ª edición. Hoboken, NJ: Wiley, 2008.

Rigby, Scott y Richard Ryan. *Glued to Games: How Video Games Draw Us In and Hold Us Spellbound*. Santa Barbara, Praeger, 2011.

Rock, David. *Your Brain at Work: Strategies of Overcoming Distraction, Regaining Focus, and Working Smarter All Day Long*. Nueva York, Harper Business, 2009.

Ryan, Richard M., Jessey H. Bernstein y Kirk W. Brown. «Weekends, Work and Well-Being: Psychological Needs Satisfactions and Day of the Week Effects on Mood, Vitality, and Physical Symptoms.» *Journal of Social and Clinical Psychology*, 29, n.º 1 (2010): 95-122.

Ryan, Richard M. y James P. Connell. «Perceived Locus of Causality and Internalization: Examining Reasons for Acting in Two Domains.» *Journal of Personality and Social Psychology*, 57, n.º 5 (1989): 749-761.

Ryan, Richard M., y Edward L. Deci. «From Ego Depletion to Vitality: Theory and Findings Concerning the Facilitation of Energy Available to the Self.» *Social and Personality Psychology Compass*, 2, n.º 2 (2008): 702-717.

—. «Self-Determination Theory and the Facilitation of Intrinsic Motivation, Social Development, and Well-Being.» *American Psychologist*, 55, n.º 1 (enero de 200): 68-78.

Ryback, David. «Self-Determination and the Neurology of Mindfulness.» *Journal of Humanistic Psychology* 46, n.º 4 (octubre de 2006): 474-493.

Schlam, T. R., N. L. Wilson, Y. Shoda, W. Mischel y O. Adyuk. «Preschoolers' Delay of Gratification Predicts Their Body Mass 30 Years Later.» *Journal of Pediatrics* 162, n.º 1 (2013): 90-93.

Sheldon, Kennon, Richard M. Ryan, Edward L. Deci y Tim Kasser. «The Independent Effects of Goal Contents and Motives on Well-Being: It's Both What You Pursue and Why You Pursue It.» *Personality and Social Psychology Bulletin* 30, n.º 4 (abril de 2004): 475-486.

Smith, J. Walker y Ann Clurman. *Generation Ageless*, Nueva York, Harper Collins, 2007.

Tay, Louise y Ed Diener. «Needs and Subjective Well-Being around the World.» *Journal of Personality and Social Psychology*, 101, n.º 2 (2011): 354-365.

Vohs, Kathleen D. y Roy F. Baumeister. *Handbook of Sel-Regulation: Research, Theory and Applications*. Segunda edición. Nueva York, Guilford Press, 2013.

Yamaguchi, Billy. *Billy Yamaguchi Feng Shui Beauty: Bringing the Ancient Principles of Balance and Harmony to Your Hair, Makeup and Personal Style*. Naperville, Sourcebooks, 2004.

Zigarmi, Drea, Kenneth H. Blanchard, Michael O'Connor y Carl Edeburn. *The Leader Within: Learning Enough about Yourself to Lead Others Within*. Upper Saddle River, NJ: FT Press, 2004.

Zigarmi, Drea, Scott Blanchard, Vickie Essary y Dobie Houson. *The Leadership-Profit Chain*. Escondido: CA, Ken Blanchard Companies, 2006.

Zigarmi, Drea, Susan Fowler y Dick Lyles. *Achieve Leadership Genius*. Upper Saddle River, NJ: Financial Times Prentice Hall, 2008.

Zigarmi, Drea y K. Nimon. «A Cognitive Approach to Work Intention: The Stuff That Employee Work Passion Is Made Off?» *Advances in Human Resources Development*, 13, n.º 4 (2011): 443-457.

Zigarmi, Drea, K. Nimon, D. Houson, D. Witt y J. Diehl. «Beyond Engagement: Toward a Framework and Operational Definition of Employee Passion.» *Human Resource Development Review*, 8, n.° 3 (2009): 300-316.

—. «A Preliminary Field Test of an Employee Work Passion Model.» *Human Resource Development Quarterly*, 22, n.° 2 (2011): 195-221.

Zigarmi, Drea y Taylor P. Roberts. «Leader Values as Predictors of Employee Affect and Work Passion Intentions.» *Journal of Modern Economy and Management*, 1, n.° 1 (2012): 1-32.

# • Agradecimientos

**Cada uno de nosotros** somos responsables de la calidad de nuestra actitud motivacional, pero las personas con las que nos asociamos determinan la autorregulación necesaria para experimentar una Motivación Óptima.

Algunas de las personas a las que debo agradecimientos aparecieron en mi vida de casualidad, y otras fueron escogidas conscientemente. Todas me ayudaron a crear esta vida maravillosa con sus ánimos, conocimientos y apoyo. Mi esperanza es que, aunque no sea de la misma intensidad, el sentimiento sea mutuo. (Mi otra esperanza es que si no está en esta lista, me perdonarás y confiarás en que te valoro.)

Mi familia en Ken Blanchard Companies:

- Estas ideas seguirían siendo un sueño si no fuera por el equipo de desarrollo de la Motivación Óptima: Jay C., Vanessa G., Kelie S., Mike G. y, especialmente, Gary Onstad y Victoria Cutler.

- Mis compañeros de CHOMP (una comunidad de practicantes de la Motivación Óptima), sobre todo Els K., Judith D., Calla C., Mark P., Peter B., Lael G., David C., Jonh L., John H., Nancy B., Ursula L., Belinda B. y Jacqueline R.

- Emprendedores valientes que adoptaron tempranamente estas técnicas, como Laurie R., Kyleen C., Humberto M., Carolyn G., Chad G., Debbie C., Stacy S., Jackie G., Wei T., John S., Jim O., Neal S., y Brenda N.

- Nuestros socios globales, en especial Rares, Majiek, Alexandra y Spiros.

- Todos los directores de proyectos y quienes les apoyan, como Brent B., Janey F., Cathy H. y Joni W.

- El equipo de marketing de Blanchard: David W., Brian A., Wendy W. y Lisa M. Un agradecimiento especial para Patrick P.

- Clientes que se basan en valores y que aparecen en este libro, como Eline L., Tom P., Josine P., Martin B., Suzanne K. y Cheryl M.

Podría llenar un libro entero con nombres. ¡Sin duda, mi vida es maravillosa!

- *The Catholic Leadership Institute*: líderes aprendices como Matt M., Fr. Bill y Dan C.

- *Los editores de Berret-Koehler*: la razón por la que existe este libro se debe a Neal M.; mi pastor es Jeevan S.; y el hombre que sustenta los valores de la editorial, Steve P. También a los equipos de producción y marketing, sobre todo a Dianne P., Sharon G., Beverly B., Courtney S., Kristen F., Katie S., Kat E., Mike C. y Charlotte A.

- *El Máster de Ciencia en el programa de liderazgo ejecutivo de la Universidad de San Diego*: a los estudiantes, a la facultad y al equipo increíble de un laboratorio de aprendizaje que ha trabajado durante los últimos quince años. Especialmente a Christina D., Gina F. y Bridget B.

- *Compañeros a los que respeto y colaboradores creativos*: Eileen H., Dick T., Trudy P., Jett B., Martha L., Kenny T., Jesse S., Paula D., Chris E., Carol S., Phil R., Carey N., Ricardo M., Kurt G. y la comunidad SDT, sobre todo a Jacques F. y Marylene G.

- *Mis «niños», que represento literal, figurativa y amorosamente en este libro*: Alexa T., Blair C., Grant C., Lisa Z., Ryan T. y Evey T.

- Mi equipo de Relaciones Públicas (Cave Henricks Communications y Shelton Interactive): Barbara H., Rusty S. y Jessica K. Gracias por la influencia de vuestras relaciones: Becky R. y Kylah F.

Y aquellos a quienes debo más: los que me han ayudado a desarrollar la Motivación Óptima, David Facer y Drea Zigarmi:

- La experiencia de David y su capacidad para analizar en profundidad las ideas han sido inestimables para mí y esenciales para el modelo del Espectro de la Motivación, además de aportar una estructura conceptual válida para poder presentarlo en este libro. David me ayudó a llevar estas ideas un paso más allá.

- Mi socio para siempre, Drea Zigarmi, cuyo amor y sabiduría llevaron mi *vida* un paso más allá.

# ECOSISTEMA DIGITAL